新訳 うたたね

島内景二

花鳥社

新訳うたたね

目次

III 東下りと帰京……ある旅の記録 140

はじめに……『うたたね』への誘《いざな》い

『うたたね』と『更級日記』

『うたたね』は、日本文学史上、稀に見る異色作である。同じ作者が書いた『十六夜日記《いざよいにっき》』に比べて格段に知名度は低いけれども、日本文学の日本文学たる核心は何であるかを現代人に教えてくれる、きわめて重要な作品である。

菅原孝標女《すがわらのたかすえのむすめ》が書いた『更級日記《さらしなにっき》』は、『源氏物語』が成立したほぼ同時代に生まれ、『源氏物語』を同時代文学として耽読《たんどく》した一人の少女が、成熟した物語作者へと成長するプロセスを描いた名作だった。

『源氏物語』が成立してから二百年が経過すると、時代は中世に移っており、社会政治システムも、経済システムも、さらに重要なのは日本語の文法体系すらも、大きく変動していた。だから、『源氏物語』を同時代文学として読むことは不可能になった。菅原孝標女は『源氏物語』の本文と一対一で向かい合ったが、中世では、他人の研究を参照しなければ読書できない、という状況になったのである。

藤原定家《ていか》たちによって、『源氏物語』は「古典」としての地位を確立した。『源氏物語』の研究成果は注釈書として書き記され、後の時代の研究者たちは、自分より以前の注釈書の批判的検証を通して『源氏物語』の真髄に触れていった。

菅原孝標女の時代には同時代文学だった『源氏物語』は、二百年後の読者にとっては、言葉も時代背景も、紫式部が理解の前提としていた和漢の膨大な教養も、注釈書の助け無しには読めなくなっていた。研究的な注釈書に導かれなければ、『源氏物語』を耽読し、一流の文学者・文化人に成長してゆくことはできなくなっていた。そして、この時代に、女性として、その達成を遂げたほとんど最初の文学者が、阿仏尼《あぶつに》だった。

『十六夜日記』の作者として知られる「阿仏尼」(阿仏)が、若かりし頃に体験した「恋と隠棲《いんせい》と旅」を書き記したのが、『うたたね』である。この作品は、「中世日記紀行文学」というジャンルに含まれるが、『更級日記』と同様に『源氏物語』の強い影響下にある。つまり、「源氏文化」が生み出した初期の名作なのである。

今、私は、『更級日記』と同様に、と書いたけれども、中世において、『更級日記』と同様の達成を遂げるのは、格段に困難な状況なのだった。

『更級日記』は、菅原孝標女という人物が、『源氏物語』というフィルターを通して「女の一生」を振り返った日記だった。自分の体験した実人生を、『源氏物語』という触媒を用いることで「解体」し、「再構成」したのである。自分が生きたかった人生や、現実には生きられなかった人生までも、「物語の様式で再構成された日記」には書き込める。それが、文学の香りとなる。『うたたね』もまた、人生を再構成した作品なのである。そこには、『更級日記』と似たような形而上学的な香りが漂っている。

私と『うたたね』との出会い

阿仏尼は、『十六夜日記』という作品で文学史に不朽の名声を残している。ところが、「阿仏尼」の「尼」という呼称が、実際以上に宗教性を感じさせ、その文学性を覆い隠しているように感じられる。また、彼女の肖像画は、女性を単独で描いたものとして日本最古とされる肖像画も含めて、尼姿のためか、どことなく地味な印象を受ける。

『十六夜日記』という作品名は、女性が活躍する中世を代表する一人が書いた名作として、高校の日本史の時間に学習した。また、古文の時間でも、冒頭部分や旅立ちの部分を教わった。けれども、作品の一部分だけ切り出して読んでも、『十六夜日記』の面白さは理解できなかった。

私自身、東京大学の教養学部の二年間と法学部三年生までに、『十六夜日記』を通読したものの、それほどの魅力は感じなかったというのが、正直な感想である。東海道の旅の記録としては、男性の手になる『海道記《かいどうき》』や『東関紀行《とうかんきこう》』のほうが面白く読めた。

ところが、『源氏物語』を研究するために、法学部三年を終えてから文学部三年に編入した年（昭和五十三年）に、次田香澄『うたたね　全訳注』（一九七八年）が講談社学術文庫から刊行され、すぐに通読して驚嘆した。まず、本文を読み始める前に、扉に記されている、「カナダ留学中、一九七七年客死した次男年《みのる》へのささやかなメモリーとして」という献辞に、心が震えた。藤村潔の研究論文集『源氏物語の構造』のあとがきで、彼の苛酷なシベリア抑留体験を読んだ時にも心が震えたが、国文学研究に「死と再生」への祈りを託した国文学者の強烈な倫理性を感じ、粛然とした。

次田香澄『うたたね　全訳注』の内容も、予想を裏切らない名著だった。読み終えた私は、これまで「阿仏尼」という文学者について、間違ったイメージを持っていたことを深く恥じた。どこか、『更級日記』や堀辰雄の小説と通じ合う香りをかいだように思った。この次田の本に私はしばらく満足していたが、ここに指摘されてある以上に、『うたたね』

は『源氏物語』と深く関わっているのではないか、という思いを禁じ得なくなかった。

そして、平成六年に、当時勤務していた大学の紀要（『電気通信大学紀要』）に、「『うたたね』の表現様式」という長篇論文を発表した。私は大学の教員時代には、本務校の教育に専念し、ほとんど非常勤講師をしなかったが、この時期には例外的に女子大学で古典講読を担当し、『うたたね』を教材としていた。その教材研究の成果が、この論文に盛り込まれている。『うたたね』の表現の母胎として、これまで思われていた以上に『源氏物語』が重要であることを、明らかにしたものだった。次田香澄『うたたね　全訳注』の達成を、一歩なりとも先へ進めたかったし、それなりの手応えがあった。

ついで、平成九年に、『解釈と鑑賞』という雑誌に、「『うたたね』の本領」という小論を発表した。そして、二つの論文を大きく改稿して、『源氏物語の影響史』（平成十二年）の第Ⅱ部「中世日記紀行文学への浸潤」という論文集に含めた。この拙著が、私の学位請求論文（博士論文）である。『源氏物語の影響史』という著書全体の中で、最も愛着のあるパーツである。

『うたたね』は、『源氏物語』を愛した若い女性が、『源氏物語』を通してしか世界を見られなくなり、『源氏物語』のキャラクターとストーリーと場面構成とボキャブラリーを用いて、自分の掛け替えのない一回きりの人生を文芸化したものだった。それでいて、亜流とか、模倣とか、『源氏物語』の縮小再生産などという感じは受けない。

『源氏物語』は、中世文学として、『うたたね』というタイトルで蘇ったのだ。『うたたね』は、第二の『更級日記』であり、現在よりもっと高い評価を受けてしかるべき名作である。同じ作者が書いた『十六夜日記』もまた、「源氏文化」の観点から再評価がなされるべきであろう。

作者の歩んだ人生

桓武平氏である平度繁《たいらののりしげ》という人物が、阿仏尼の「養父」あるいは「実父」である。阿仏尼の正確な生年は、不明である。度繁の一族は、後高倉院《ごたかくらいん》に仕えた。後高倉院は、高倉天皇の第二皇子。本人は即位しなかったものの、承久の乱の後に、彼の子が十歳で後堀河《ごほりかわ》天皇となって即位したために、天皇の父として院政を布《し》いた。

後高倉院の后が、藤原（持明院《じみょういん》）基家《もといえ》の娘で、「北白河院《きたしらかわいん》」と称された女性である。阿仏尼の「養父（父）」の平度繁は、この北白河院の乳母《めのと》の子《こ》、いわゆる「乳母子《めのとご》」だったとされる。

後高倉院と北白河院の娘が安嘉門院《あんかもんいん》であり、彼女は弟に当たる後堀河天皇の「准母《じゅんぼ》」となった。この安嘉門院に、阿仏尼や、その姉妹も、女房として仕えていたのである。何度か中断を挟みつつ、阿仏尼は安嘉門院に出仕し続けた。阿仏尼の女房名は複数あり、安嘉門院越前《えちぜん》、安嘉門院右衛門佐《えもんのすけ》、安嘉門院四条《しじょう》などである。安嘉門院のお屋敷は、北山の麓にあり、持明院殿《じみょういんどの》と言われた。

阿仏尼は、一時期、出家して、奈良や西山に隠棲していたらしいが、この時期に出産を経験している。

三十歳前後で、藤原為家《ためいえ》と出会った。為家は、定家《ていか》の子、つまり俊成《しゅんぜい》の孫であり、和歌の名門である「御子左家《みこひだりけ》」の正統の血を享《う》けていた。為家は、正室（前妻）との間に、二条家を興す為氏《ためうじ》や、京極家を興す為教《ためのり》がいたが、阿仏尼は、為家との間に、冷泉《れいぜい》家を興す為《ため》相《すけ》や為守《ためもり》たちを生んだ。四十歳前後のことである。

為家は、播磨《はりま》の国に「細川の庄」という荘園を持っていた。当初、為家は、為氏に「譲《ゆずり》状《じょう》」を与えたが、後に、阿仏尼との間に生まれた為相に「譲状」を与え直した。これが、混乱の原因となった。御子左家の累代が蓄積してきた歌書類や、定家の自筆日記である『明月記』も、為相に譲られた。

為家が没したのが、阿仏尼の五十歳前後。ここから、遺産争いが激化し、阿仏尼は鎌倉に下って訴訟を起こした。時に、五十五歳前後。その鎌倉下向の記録が、『十六夜日記』である。

裁判は長期化し、何度か逆転判決があったりして、最終的に、細川の庄が為相に帰属したのは、阿仏尼の没後約三十年後だった。阿仏尼は、鎌倉で没したと伝えられる。

『うたたね』は、いつ頃に書かれたか

では、『うたたね』は、いつ頃に書かれたのだろうか。その秘密を解く鍵は、『源氏物語』を深く読む機会が、為家と出会う以前にもあったか、という点である。『うたたね』は、『源氏物語』という触媒を用いることで、自分の体験した実人生を「物語風の日記」へと変成・錬成・昇華させたものである。

神話では、イザナギ・イザナミの男女神が、アメノヌボコ(アマノヌボコ)を海の中に差し入れ、かき混ぜると、ホコから滴ったものが島となり、そこで「国生み」を行ったとされる。阿仏尼は、自分の人生に、『源氏物語』というアメノヌボコを差し入れ、攪拌《かくはん》することで、『うたたね』に書かれている「女の半生」を生みだすことに成功した。

阿仏尼は、いつ頃、『源氏物語』というアメノヌボコと出会ったのだろうか。私には、為家と出会い、定家が『源氏物語』を本文校訂した「青表紙本《あおびょうしぼん》」に触れる機会があって以降に、初めて阿仏尼が『源氏物語』を読んだとは、とても思えないのである。阿仏尼の『源氏物語』に関する深い素養が、為家に好意を持たれたと考えるのが自然だろう。

阿仏尼の兄弟である平繁高《しげたか》は、後高倉院が所蔵していた紀貫之自筆とも言われる『古今和歌集』を、譲られて所持していた、と言われる。阿仏尼をめぐる文化的な環境に、『源氏物語』が存在しても不思議ではない。

ただし、為家と出会う以前の阿仏尼の『源氏物語』に対する認識は、ストーリーやボキャブラリーやキャラクターに関する「一通《ひととお》りの知識」だったと思われる。それでも、彼女は、『源氏物語』に耽読し、十二分に感動できただろう。

『更級日記』は、五十歳を過ぎた菅原孝標女が、十三歳の少女時代を描く場面から、「人生の再構成」が図られた。『うたたね』は、阿仏尼の十代後半の「疾風怒濤《しっぷうどとう》」(シュトルム・ウント・ドランク)を描いているが、為家と出会って『源氏物語』に習熟した三十歳前後の年齢から十代後半を回想した、と考えられないこともない。そう考える最大の根拠は、『うたたね』に与えた『源氏物語』の影響力の実態である。阿仏は『源氏物語』を文学作品としてではなく、新しい文学作品を作り出す母胎として活用した。つまり、「源氏文化」の草創期に立ち会った。

『うたたね』には、『源氏物語』で「引歌《ひきうた》」されている古歌《こか》が、何度も引用されている。これは、『源氏物語』の本文表現だけに接した読者には、不可能なことである。

いくつかの可能性が考えられる。

阿仏尼は、為家と出会う以前に『源氏物語』を読んでおり、なおかつ、紫式部の表現の背景となっている深い教養を既に持ち合わせていた、と考えるのが、一つ。さすがに、そこまでの幅広い教養は阿仏尼にはなくて、為家と出会った後で、御子左家に蓄積されてきた源氏学の注釈類を読んで、「引歌」などの知識を得たと考えるのが、一つ。

どちらかと言えば、後者のほうに、分《ぶ》があるのではないか。

もしも後者だとすると、『うたたね』に書かれている恋愛体験と、『うたたね』の執筆時期は、十年以上隔たっていることになる。そうなると、「再構成」された領域が増大するだろう。『うたたね』の三つの柱である「恋」と「隠棲」と「旅」は、阿仏尼の別々の時期の体験を接合したものだったのかもしれない。

けれども、連続した出来事として読んで、まったく矛盾を感じさせないし、自分が体験した出来事を数年以内に言語化したと考えても、まったく矛盾しない。それだけの力量を、阿仏尼は持っていた。

『うたたね』の執筆時期は、正確には不明である。ただし、『源氏物語』の本文だけでなく、注釈書をも自家薬籠中のものとした「中世の源氏読み」の先駆者として、阿仏尼がいることは確かである。

【凡例】

一、『うたたね』の本文は、徳川（水戸）光圀が編集した「扶桑拾葉集《ふそうしゅうようしゅう》」巻十二収録本を用いる。この本文で意味の通らない箇所を、他の写本や版本を用いて、意味が通るように校訂することは一切しない。

一、『うたたね』の本文については、「扶桑拾葉集」を含む写本や版本との異同を網羅した次田香澄・酒井憲二『うたゝね　本文および索引』（笠間書院）を参看した。「扶桑拾葉集」と他本とで重要な本文の相違がある場合には、［評］で言及した。

一、「扶桑拾葉集」は、国立公文書館デジタルアーカイブで公開されている画像を絶えず参看した。

一、本文には、漢字を多く宛《あ》てた。

一、本文を、三つの章と、三十九の節に分け、節には通し番号と小題を付けた。

一、本文の仮名づかいは、通行の「歴史的仮名づかい」とした。本文中のルビも「歴史的仮名づかい」とした。

一、［訳］と［評］のルビは「現代仮名づかい」としたが、古文の引用部分については「歴史的仮名づかい」とした。

一、本文で、撥音の「ん」は、「ン」と表記した。

例　なめり・なんめり　→　なンめり　　びな（便無）し　→　びンなし

一、［注］は設けず、［訳］や［評］の中に盛り込むことを原則とした。

一、［訳］は、逐語訳ではなく、大胆な意訳である。『うたたね』の魅力を、現代日本語に置き換えたかったからである。

一、［評］は、［訳］に盛り込めなかった作者の執筆心理を明らかにすることに努めた。それと同時に、日本文学史の主流である「源氏文化」の中で占める『うたたね』の位置を、具体的に解説しようとした。

一、本文は総ルビとし、読みが確定できない「御」や数字にも、仮のルビを振った。

一、和歌の掛詞は、本文の左横に明記した。

一、本文の執筆に際しては、次田香澄『うたたね　全訳注』（講談社学術文庫）を常に座右に置き、導かれつつも、理解を少しでも先へ進めようと努めた。私が東京大学文学部三年生の時に初めて読んで感動し、『うたたね』という作品の真髄に開眼した思い出の書である。

新訳うたたね

Ⅰ　北山を出奔……ある恋の終わり

0　標題と作者

うたたね　阿仏《あぶつ》

[訳]　この『うたたね』は、阿仏《あぶつ》（阿仏尼《あぶつに》）が書いた作品である。

[評]　タイトルを『うたたねの記《き》』、作者名を「安嘉門院四条《あんかもんいんしじょう》」と記す写本もある。

「記」という言葉をタイトルに含む散文作品としては、『古事記』や鴨長明『方丈記』が有名だが、中世の日記・紀行としては『海道記《かいどうき》』『竹《たけ》むきが記』『藤河《ふじかわ》の記』などがある。

阿仏（阿仏尼）と安嘉門院四条は、同一人物。安嘉門院に仕える女房で、「四条」と呼ばれた女性が、後の阿仏である。女房名としては、「安嘉門院越前《えちぜん》」、「安嘉門院右衛門佐《えもんのすけ》」という呼び方もある。

彼女が仕えた安嘉門院（一二〇九〜八三）は、邦子内親王。父は、高倉天皇の第二皇子・守貞《もりさだ》親王（一一七九〜一二二三）。守貞親王自身は、天皇として即位しなかったが、後鳥羽天皇は同母弟である。守貞親王の子・後堀河天皇の即位（在位一二二一〜一二三二）によって、「治天《ちてん》の君《きみ》」として院政を布《し》き、「後高倉院」と称された。

安嘉門院は、弟の後堀河天皇の「准母《じゅんぼ》」として、后の位と、女院号を受けた。鳥羽上皇と美福門院以来の所領である膨大な「八条院領」という荘園群を、父の死後に継承した。

安嘉門院の母（陳子《ちんし》）は、「北白河院《きたしらかわいん》」と呼ばれた、藤原（持明院《じみょういん》）基家《もといえ》の娘である。持明院殿は、「北山の麓」にあったとされるが、現在の上京区安楽小路町に当たる。四条（若き日の阿仏）は、持明院の御所（持明院殿）で宮仕えしながら、その近くに住んでいたと推定される。場面によっては、『うたたね』の舞台が、持明院殿（安嘉門院の御所）なのか、その近くにあった四条の家なのか、判別しづらい箇所がある。

『うたたね』で書かれている悲恋と、傷心の旅は、まだ十代の半ばの頃の出来事と推測されている。この記憶は作者の心の中で風化することなく存在し続けた。そして、阿仏が「源氏文化」の真髄に触れた後で、『源氏物語』の様式に従って、記憶をリアリスティックに再現し、なおかつ、若干の創作を加味して、『源氏物語』風の物語的な日記へと成長してゆき完成したと考えたい。

1　私は、忘れられた女

物思《ものおも》ふ事《こと》の、慰《なぐさ》むにはあらねども、「寝《ね》ぬ夜《よ》の友《とも》」と慣《な》らひにける月《つき》の光《ひかり》、待《ま》ち出《い》でぬれば、例《れい》の、妻戸《つまど》押《お》し開《あ》けて、唯独《ただひと》り、見出《みい》だしたる。荒《あ》れたる庭《には》の秋《あき》の露《つゆ》、託《かこ》ち顔《がほ》なる虫《むし》の音《ね》も、物毎《ものごと》に心《こころ》を傷《いた》ましむる端《つま》と成《な》りければ、心《こころ》に乱《みだ》れ落《お》つる涙《なみだ》を押《お》さへて、とばかり、来《こ》し方《かた》・行《ゆ》く先《さき》を思《おも》ひ続《つづ》くるに、「然《さ》も、あさましく、儚《はかな》かりける契《ちぎ》りの程《ほど》を、何《な》ど、斯《か》くしも思《おも》ひ入《い》れけむ」と、我《わ》が心《こころ》のみぞ、返《かへ》す返《がへ》す恨《うら》めしかりける。

夢現《ゆめうつつ》とも分《わ》き難《がた》かりし宵《よひ》の間《ま》より、関守《せきもり》の打《う》ち寝《ぬ》る程《ほど》をだに、甚《いた》くも辿《たど》らず成《な》りにしや。打《う》ち頻《しき》る夢《ゆめ》の通《かよ》ひ路《ぢ》は、一夜《ひとよ》許《ばか》りの途絶《とだ》えもあるまじき様《やう》に慣《な》らひにけるを、然《さ》るは、月《つき》草《くさ》の徒《あだ》なる色《いろ》を、予《かね》て知《し》らぬにしもあらざりしかど、如何《いか》に移《うつ》り、如何《いか》に染《そ》めける心《こころ》にか、然《さ》も、打《う》ち付《つ》けに、生憎《あやにく》なりし心迷《こころまよ》ひには、「伏柴《ふししば》」の途絶《とだ》えに、思《おも》ひ知《し》らざりける。

【訳】　いつの時代にも、孤独な女がいた。彼女たちは、深夜に月を見て、心を慰めてきた。けれども、「我《わ》が心慰《こころなぐさ》めかねつ更級《さらしな》や姨捨山《をばすてやま》に照《て》る月《つき》を見《み》て」（『古今和歌集』）という古歌にあるように、明るく澄みきった月を眺めれば眺めるほど、楽しかった昔のことや、その頃に夢見ていた未来のことなどが次から次へと思い出され、月を見始める以前よりもいっそう追い詰められた心境に突き落とされてしまうようだ。そして、今、ここにも、一人の孤独な女が、月の光を眺めていた。それが、かつての私である。

何とも、情けない自己紹介になったものだが、その夜も、私は眠れぬ夜のただ一人の親友にして、辛辣《しんらつ》な友でもあるお月様を、性懲りも無くぼんやりと眺めていた。今宵は月の出が遅く、昇ってくるにはたいそう時間がかかり、私は長いこと待たされた。やっと、月が出たようなので、私はそっと部屋の妻戸《つまど》（両開きの戸）を押し開《ひら》いて、外の景色を見ていた。むろん、こんなことをするのは、私一人である。空に懸かっている月を見上げ、月の光に照らされた庭のありさまを、ぼんやりと見つめるも、ひとりぼっち。

ああ、あの頃は、と言ってもそんな大昔ではない。今は秋だから、つい半年前の春のことである。あの人――という言葉を使うしかないだろう――、私はあの人と一緒に月を見上げたものだった。あの人は、私と夜を共にしていた部屋の妻戸を押し開いて、ひとしきり二人で月を眺めながら将来のことを話し合い、それからおもむろに、月の光が降り注ぐ庭を通って、去って行ったものだった。月の光に照らされたあの人は、輝かしく見えた。

でも、今は一人。あの人は、今日も来なかった。荒れ果てた秋の庭には、露がびっしりと置いている。それは、私の涙のよう。虫たちも声を振り絞《しぼ》り、いったい誰を恨んでいるのか、自分を不幸にした者たちに向かって、怒りと抗議の声を上げている。あれは、私があの人を恨んで泣くのを、肩代わりしてくれているのだ。

目にする物、耳にする物の悉《ことごと》くが、棘《とげ》のように私の心に逆《さか》らう。時間が経《た》つにつれ、それが少しずつ深く突き刺さるようになって、私の心の傷口を広げてゆく。おそらく私の目からは、涙が堰《せき》を切ったかのようにこぼれ落ちる寸前なのだろう。でも、自分の顔は自分で見られないから、私の心の中で涙の雨が降り増《ま》さっていることしか自覚できない。心の中の涙が現実の涙とならないように、必死に堪《こら》えるのが、やっとである。

どれくらいの時間、私はもの思いに浸《ひた》っていたのだろう。さまざまの思いが、私の胸中を去来した。

あの人との馴れ初《そ》めは突然だった。そして、激しく燃え上がった。けれども、いつの間にか、あの人の愛は冷めていった。私が閲《けみ》してきた過去。今、ここで泣いている私の現在。これから私が生きてゆくだろう未来。私は自分の姿とあの人の姿を、時間の流れの中に探し続けていた。はっと我に返った私は、「これほどまでに信じられなくなった、薄情なあの人との関係なんて、最初から親密な仲にはなってはいけなかった運命だったのに、どうしてあの人を、私はこんなにまで深く愛してしまったのだろうか」と悔やまずにはいられない。でも、あの人を好きになったのは、ほかならぬ、この私である。恨むべきは、あの人ではなくて、あの人に心引かれた私の心である。そのことが、悔しくて悔しくてたまらない。

『伊勢物語』で「狩《かり》の使い」が語られるのが、第六十九段。伊勢の斎宮《さいぐう》は、在原業平《ありわらのなりひら》との短い逢瀬《おうせ》の翌朝、あれは夢だったのか、それとも現実だったのかを、区別できなかったという。私があの人と初めて結ばれた宵も、同じだった。今思い出しても、夢のようである。

『伊勢物語』第五段には、逢瀬を邪魔する者たちに早く眠ってほしいと願う歌がある。「人知《ひとし》れぬ我《わ》が通《かよ》ひ路《ち》の関守《せきもり》は宵々毎《よひよひごと》に打《う》ちも寝《ね》ななむ」。けれども、私たちは愛に夢中になっていた。関守の監視——周囲の目——など、まったく気にならないくらい、二人で逢っている時間が、むしょうに愛《いと》おしかった。その頃の私は、愛の迷夢《めいむ》の中、いや愛の幻想の中を生きていたのだろう。朝、部屋を出て行ったあの人は、宵になると、必ず私の部屋に姿を現す。それが、毎日毎日繰り返された。そのような愛の日々に私は慣れ、そんな日々が永遠に続くと思い込んでいた。

もちろん、私とて、男の人の女への愛が、いとも簡単に冷めてしまうことを、知らないわけではなかった。『源氏物語』を読んだことがあったからだ。宇治十帖《うじじゅうじょう》に登場する匂宮《におうみや》は、熱しやすく冷めやすい、好色な人物として、印象的に描かれていた。匂宮は、月草《つきくさ》（＝露草《つゆくさ》）で染《そ》めた縹色《はなだいろ》が、太陽の光に当たるとすぐに色褪《いろあ》せてしまうように、移り気な性格の貴公子だった。『源氏物語』に引かれている、「世《よ》の中《なか》の人《ひと》の心《こころ》は月草《つきくさ》の移《うつ》ろひやすき色《いろ》にぞありける」（『古今和歌六帖《こきんわかろくじょう》』）という歌そのものの人間性の持ち主である。

けれども、それは物語の中の設定。まさか、私の前に現れたあの人が、月草のように移ろいやすい、匂宮のような男であろうとは。そして、世の中には、現実に、匂宮のような男がいるのだということを、身を持って知るのが、この私であろうとは。

露を宿した月草の花に触れた衣には、月草の青い色が移る。でも、その色はとても薄い。だから、消えやすい。あの人の私への愛も、まさに、そのようなものだった。あの人の愛を消滅させたのは、何だったのだろう。しばらくは私にもわからなかったが、今では、あの人の本性《ほんしょう》だったことが、わかる。

一方、真っ白だった私の心も、あの人と触れ合って、情愛の色に染められた。こちらは、いまだに褪せないし、消えもしない。日が経《た》つほどに、色濃くなってゆく。私はあの人の、いったいどこに、こんなにも執着してしまったのだろう。私を愛してもくれない男を、こんなにも深く思うなんて、運命は何とも意地悪で、皮肉なものである。

私は、「伏柴《ふししば》の加賀《かが》」と称された待賢門院《たいけんもんいん》加賀《かが》の和歌を、心の中で唱えてみた。

予《かね》てより思《おも》ひしことぞ伏柴《ふししば》の樵《こ》る《凝(こ)る》ばかりなる嘆《なげ》きせむとは（『千載《せんざい》和歌集』）

柴《しば》を集めるために山に入る人が、木を切ることを「樵《こ》る」と言う。自分は、この男と交際していると、いつか捨てられて、「凝《こ》る」（凝りはてる）ことになるだろうとは、かねてからわかっていたことだった、という意味である。

あの人の愛を信じていた頃の私には、まさかあの人に忘れられて「凝る」体験をしようとは、そもそも、あの人の訪れに途絶《とだ》えがあろうなどとは、思いもよらなかった。それなのに、今となっては、この歌が、私の心をそのまま代弁してくれているのに気づいて、愕然とするばかりである。

【評】　本書では、本文を三十九の節に区切って鑑賞する。その区切り方は、たとえば本書が指針とした次田香澄『うたたね　全訳注』などとは違っている。内容を区切る際には、「各節の終わりに、和歌や漢詩が置かれているか」という点を、私が最重要視したからである。物語（特に歌物語）の場面構成に似た書き方が、『うたたね』ではなされている。そのことを、新しい節の区切り方で提示したつもりである。

各節は、作者自身の詠んだ和歌で場面が締めくくられることが多いが、時として、著名な和歌や漢詩の引用で、場面が閉じられることがある。この「1」は、「伏柴の加賀《ふししばのかが》」が詠んだ和歌のエピソードで閉じられている。

ただし、作者が出家を決意して出奔する大事件を一気に語る場面では、和歌や漢詩で場面を区切ろうとする意識が、作者から消えている。『うたたね』が近代的な散文に最も接近した部分である。

なお、この節の末尾『伏柴《ふししば》』の途絶《とだ》えに、思《おも》ひ知《し》らざりける」を、「『伏柴《ふししば》の』とだに、思ひ知らざりける」とする本がある（『群書類従』）が、「とだに」の「に」が判読困難な不思議な字体になっている。確かに「とだに」のほうが解釈しやすいけれども、「扶桑拾葉集」の「途絶《とだ》えに」でも解釈できる。

なお、この節では、作者の不実な恋人が、宇治十帖の匂宮のイメージで造型されている。ならば、作者のセルフ・イメージは「浮舟」ということになる。浮舟は、匂宮と薫という、二人の男に愛されて、出奔した。『うたたね』の作者は、三角関係には陥らなかったが、匂宮のような不実な男に愛され、忘れられて、出奔する。今後、『うたたね』は、『源氏物語』の世界を「母胎」として書き紡がれてゆくことになる。つまり、『うたたね』の作者は、自分の実人生を、約二百五十年前の『源氏物語』の中に投入し、新しい「自分」へと作り替えていったのである。

2　私は、待つ女

漸《やうや》う色付《いろづ》きぬ。秋《あき》の風《かぜ》の、憂《う》き身《み》に知《し》らるる心《こころ》ぞ、うたてく、悲《かな》しき物《もの》なりけるを、自《おの》づから頼《たの》むる宵《よひ》は、有《あ》りしにも有《あ》らず、打《う》ち過《す》ぐる鐘《かね》の響《ひび》きを、熟々《つくづく》（撞《つ》く）と聞《き》き臥《ふ》したるも、生《い》ける心地《ここち》だにせねば、実《げ》に、今更《いまさら》に、「鳥《とり》はものかは」とぞ思《おも》ひ知《し》られける。

［訳］秋も深まり、少しずつ木々の葉も色づき始めた。秋の風は冷たく、私の心の中を

吹き過ぎてゆく。その風は、私に、生きることの辛《つら》さを存分に教えてくれる。ああ、生きるのが、こんなに嘆かわしいものだったとは。そして、こんなに悲しいものだったとは。

それでも、心変わりしたあの人から、稀《まれ》には、「今夜は、必ず来るからね」という便りが来ることもあった。そういう宵などは、最初は、必ず来てくれると確信していても、次第に、「それでも、やはり来てくれるのだろう」という期待に変わってしまう。あの人を信じ切れない私の心臓は痛くなり、割れそうに早鐘《はやがね》を打つ。「あの人は必ず来る」という確信が失われて以降は、空しく過ぎてゆく時間の早さを知らせる鐘の響きを、一人っきりで悶々《もんもん》とした思いで聞くしかない。そうすると、私がこの世に生きる意味など、とうに消滅していることに気づいて、愕然となる。これもまた、人口に膾炙《かいしゃ》した名歌がある。

待《ま》つ宵《よひ》の更《ふ》け行《ゆ》く鐘《かね》の声《こゑ》聞《き》けば帰《かへ》る朝《あした》の鳥《とり》はものかは（『平家物語』）

作者は、この歌の名誉で、「待宵《まつよい》の小侍従《こじじゅう》」と称された。その歌が、我が身のこととして納得され、実感できるのである。

一晩中、恋人と楽しい時間を過ごし、別れの時刻が近づいたことを知らせる鳥の鳴き声を聞くのは、もちろん辛《つら》いことである。けれども、その辛さは、それまでに楽しい語らいの時間があったことを前提としている。それよりも、来てほしい恋人が来てくれないことに胸を焦《こ》がしつつ、逢えない時間が空しく過ぎてゆくことを知らせる宵の鐘の声のほうが、何倍も苦しい。

先ほど、私は『源氏物語』の宇治十帖の匂宮について書き記した。その匂宮に愛されて人生を台無しにされたのが、浮舟《うきふね》だった。匂宮との関係を薫《かおる》に知られて、進退窮まった浮舟は、鐘の声をしみじみと聞きながら、自分がもうこの世に生きていてはならない存在であると悟った。

私はまだ十代の半ばではあるが、もう十二分にこの世で生きた。そのことを、訪れてくれないあの人を待ちながら聞く鐘の声に、教えられたのだった。

【評】 人口に膾炙した「待宵《まつよい》の小侍従《こじじゅう》」の歌で、この節は閉じられる。「打《う》ち過《す》ぐる鐘《かね》の響《ひび》きを、熟々《つくづく》と聞《き》き臥《ふ》したる」の部分は、和歌的なレトリックが凝縮している。時間が「打ち過ぎる」と、鐘を「打つ」、そして、「鐘を撞《つ》く」と、副詞の「熟々《つくづく》と」が、掛詞《かけことば》と縁語で密接に結びつけられていて、まるで謡曲の詞章のようでもある。

「阿仏=安嘉門院四条」が、十代の頃に体験した失恋を、何歳になって『うたたね』という作品に書き記したかは不明であるが、十分な表現力を獲得してから後に書き綴っていることが推測される。

なお、この節でも、『うたたね』の作者は自分を浮舟のイメージに近づけている。「打《う》ち過《す》ぐる鐘《かね》の響《ひび》きを、熟々《つくづく》と聞《き》き臥《ふ》したるも」という部分は、『源氏物語』浮舟巻の、「誦経《ずきやう》の鐘《かね》の、風《かぜ》に付《つ》けて聞《き》こえ来《く》るを、熟々《つくづく》と聞《き》き臥《ふ》し給《たま》ふ」とある文章を踏まえている。

3 太秦詣《うずまさもう》でと法金剛院《ほうこんごういん》の紅葉《もみじ》

さすがに絶《た》えぬ夢《ゆめ》の心地《ここち》は、有《あ》りしに変《か》はる区別《けぢめ》も見《み》えぬものから、とにかくに障《さは》り勝《が》ちなる葦分舟《あしわけぶね》にて、神無月《かみなづき》にも成《な》りぬ。

降《ふ》りみ降《ふ》らずみ、定《さだ》め無《な》き頃《ころ》の空《そら》の気色《けしき》は、いとど袖《そで》の暇《いとま》無き心地《ここち》して、起《お》き伏《ふ》し眺《なが》め侘《わ》ぶれど、絶《た》えて程経《ほどふ》る《降(ふ)る》覚束無《おぼつかな》さの、慣《な》らはぬ日数《ひかず》の隔《へだ》つるも、「今《いま》は、斯《か》くにこそ」と、思《おも》ひ成《な》りぬる夜《よ》の心細《こころぼそ》さぞ、何《なに》に喩《たと》へても、飽《あ》かず悲《かな》しかりける。

いと迫《せ》めて、憧《あくが》るる心催《こころもよ》すにや、俄《には》かに、「太秦《うづまさ》に詣《まう》でてむ」と思《おも》ひ立《た》ちぬるも、且《か》つうは、いと奇《あや》しく、仏《ほとけ》の御心《みこころ》の中《うち》恥《は》づかしけれど、二葉《ふたば》より参《まゐ》り慣《な》れにしかば、勝《すぐ》れて頼《たの》もしき心地《ここち》して、「心《こころ》づからの悩《なや》ましさも、愁《うれ》へ聞《き》こえむ」とにや有《あ》らむ。暫《しば》しは、御《おほん》前《まへ》に。

供《とも》なる人々《ひとびと》、「時雨《しぐれ》しぬべし」「早《は》や、帰《かへ》り給《たま》へ」など言《い》へば、心《こころ》にもあらず、急《いそ》ぎ出《い》づるに、法金剛院《ほふこんがうゐん》の紅葉《もみぢ》、此《こ》の頃《ごろ》ぞ盛《さか》りと見《み》えて、いと面白《おもしろ》ければ、過《す》ぎがてに下《お》りぬ。高《かう》欄《らん》の端《つま》なる岩《いは》の上《うへ》に下《お》り居《ゐ》て、山《やま》の方《かた》を見遣《みや》れば、木々《きぎ》の紅葉《もみぢ》色々《いろいろ》に見《み》えて、松《まつ》に掛《か》かれる枝《えだ》、心《こころ》の色《いろ》も外《ほか》に離《はな》るる心地《ここち》して、いと見所多《みどころおほ》かるに、憂《う》き故郷《ふるさと》は、いとど忘《わす》られぬるにや、頓《とみ》にも立《た》たれず。折《をり》しも、風《かぜ》さへ吹《ふ》きて、物騒《ものさわ》がしく成《な》りければ、見止《みさ》す様《やう》にて、立《た》つ程《ほど》、

人知《ひとし》れず契《ちぎ》りし仲《なか》の言《こと》の葉《は》を嵐吹《あらしふ》《有(あ)らじ》けとは思《おも》はざりしを

と思《おも》ひ続《つづ》くるにも、すべて、思《おも》ひ様《ざま》、然《さ》る事無《ことな》き心《こころ》の中《うち》ならむかし。

【訳】 私は、この日記を、自分は「忘れられた女」であり、「待つ女」であるという、自己紹介から書き始めた。あの人との逢瀬《おうせ》は、夢とも現実とも区別がつかない状況で始まり、早すぎる終わりを迎えつつあった。それでも、私の側のあの人への深い思いは、絶えることなく、まだ夢のような心境が、それまでと変わらずに続いていた。私は、「変われない女」、あるいは「諦《あきら》めの悪い女」なのかもしれない。

ただし、あの人は、「すぐに変わる人」。

「湊入《みなとい》りの葦分小舟《あしわけをぶね》障《さは》り多《おほ》み我《わ》が思《おも》ふ人《ひと》に逢《あ》はぬ頃《ころ》かな」（『拾遺和歌集』）という柿本人麻呂の歌がある。生《お》い茂る葦の中を掻き分けながら湊に入ろうとする小さな舟が、葦に妨げられて難渋《なんじゅう》するように、何かと邪魔ばかりが入ってあの人と逢えない日が続いている、という意味の歌である。あの人は、何かと理由を付けては、やって来なくなり、ほとんど逢えないでいるうちに、秋も終わった。神無月《かみなづき》（旧暦十月）からは冬である。

冬の初めに降るのが、時雨《しぐれ》。「神無月《かみなづき》降《ふ》りみ降《ふ》らずみ定《さだ》め無《な》き時雨《しぐれ》ぞ冬《ふゆ》の初《はじ》めなりける」（『後撰和歌集』）という古歌があるように、時雨は「降《ふ》りみ降《ふ》らずみ」、つまり、降《ふ》ったり止《や》んだりする。あの人も、たまに来たかと思えば、ぱったり来なくなったりと、時雨の空模様のように定まらない愛を、私に注いだ。訪れが絶えている時には、降ってきた時雨が袖を濡らすように、私の袖は涙で濡れる。訪れはめったにないので、袖が乾《かわ》く暇《いとま》は無かった。四六時中《しろくじちゅう》、寝ても覚めても、私は憂鬱な物思いに沈み、どうやって今日一日をやり過ごせばよいのかもわからず、ぼんやりと毎日を過ごしていた。

そうするうちに、あの人が来ない日数がこれまでになかったほど、長く続いた。私は、「ああ、もう終わりなのだ」と考えずにはいられない。覚悟していたとはいえ、そう思い至った夜に、一人で嚙みしめる心細さと言ったら、何に喩《たと》えようもない。私は、「悲しい、悲しい」と、それぱっかりを思い詰めた。

こんなに心が圧迫されたので、疲れ切ってしまった。精神の袋小路から抜け出したくなったのだろうか、私は突然に、「太秦《うずまさ》の広隆寺《こうりゆうじ》にお参りに行きたい」と思い立った。自分の心に湧き上がった外出願望が、自分でもいぶかしく、また、恋の苦しみを抱えていた私のお祈りを、仏様がどうお思いになるだろうかと思うと、恥ずかしくてならない。だって、仏様は煩悩《ぼんのう》からの解脱《げだつ》を説いておられるのだが、恋愛は煩悩の最たるものなのだから。

私は、一瞬、お参りするのを躊躇したが、まだ恋の苦しみを知らなかった少女時代から、太秦には参詣してきたので、「このお寺の仏様は私という人間の心の中がよくわかっておられるはずである。だからお縋《すが》りできる」、と考えた。こういう自分の無意識を分析してみれば、「自分の迷いや欲望のために引き起こされた今の苦悩を、ありのまま仏様に訴えたい」とでも、考えたのであろう。そして、北山の麓にある持明院殿《じみょういんどの》を後《あと》にして、出かけた。暫《しばら》くの間、仏様の前に額《ぬか》ずいたものだった。

自分では「暫くの間」と思っていたのだが、お祈りしていたのは、かなり永い時間だったようだ。供の者たちは、しびれを切らせて、早く戻ろうと焦りだした。彼らは、「次の時雨が降ってきそうです」、「時雨に降られる前に、早くお戻り下さい」などと口々に急《せ》かすので、私もしぶしぶながら、仏様の御前を退出した。

太秦から戻る途中、双ヶ岡《ならびがおか》を過ぎ、法金剛院《ほうこんごういん》に差しかかった。ここは鳥羽《とば》法皇様の中宮である待賢門院《たいけんもんいん》（藤原璋子）様が再興されたお寺で、お庭には四季折々の草木が植えられている。牛車の中から見ても、見事な紅葉《もみじ》だった。このまま戻るのはもったいないので、牛車から下りて、法金剛院の中に入り、紅葉を堪能することにした。境内の高欄《こうらん》（渡り廊下）の端《はし》が、大きな石の上に乗っかっている。その石の上に座って、お庭の高くなっている方角（五位山《ごいさん》）を鑑賞した。木々の葉は、赤、朱、黄色など、何種類もの色に染まっていて、どの色も美しい。そのうえ、全体の色調の調和も取れていて、絶妙である。

常緑樹である松には、おそらく蔦《つた》であろうが、太い枝のようなものが巻き付いている。その枝からは鮮やかに色づいた葉が茂っている。松の緑と、紅葉との対比が、ほかの場所でのそれとは隔絶して美しい。見ている私の心まで、この法金剛院に入る以前の心とは別のものであるように感じられる。

お庭にはたくさん見所《みどころ》があり、いくら見ていても飽きない。この物詣《ものもう》でに出る以前は、持明院殿で、あの人との恋の行き詰まりに悩んでいたが、辛い思い出が、きれいさっぱり消え失せたように感じられた。だから、ここを離れて戻る決心が、なかなか付かなかったのだろう。

ところが、そういう折も折、嵐にも似た強い風までが吹いてきたし、時雨が降ってきたようで、あたりは何かと騒がしくなった。落ちついて鑑賞できる状態ではなくなったので、紅葉狩りを中断するような感じで、法金剛院を後にした。その時、急に吹いてきた嵐を恨んで、私が詠んだ歌。

人知《ひとし》れず契《ちぎ》りし仲《なか》の言《こと》の葉《は》を嵐《あらし》《有(あ)らじ》吹《ふ》けとは思《おも》はざりしを

(ひどい嵐が吹いてきた。この嵐は、今、私が見ている美しい紅葉を吹き散らしてしまうだろう。そんな嵐は、吹いてほしくなかった。あの人と私との間にも、すさまじい暴風が吹いている。誰にもわからないように結ばれ、二人だけしか聞いていない、愛の言葉を交《か》わし合った私たちなのに、苛酷な運命は私たちの仲を引き裂いた。もう、私たちの愛の世界は、どこにも存在しない。そんな逆風が吹いてほしいなどと、私が思ったことは一度も無かったのに。）

こんなことばかり、その頃の私は考えていた。一事が万事。私が心の中で考えることと言ったら、いくら考えても仕方のないことばかりだった。

［評］　この「3」で初めて、作者自身の和歌で、場面が閉じられる。この和歌の「言《こと》の葉《は》を嵐吹《あらしふ》けとは思《おも》はざりしを」からは、強く連想される歌がある。

問《と》ふ人も嵐《あらし》《有(あ)らじ》吹《ふ》き添《そ》ふ秋《あき》は来《き》て木《こ》の葉《は》に埋《うづ》む宿《やど》の道芝《みちしば》（『新古今和歌集』俊成卿女）

この歌は、『源氏物語』帚木《ははきぎ》巻の「雨夜《あまよ》の品定《しなさだ》め」で、夕顔（常夏《とこなつ》の女）が詠んだ、

打《う》ち払《はら》ふ袖《そで》も露《つゆ》けき常夏《とこなつ》に嵐吹《あらしふ》き添《そ》ふ秋《あき》も来《き》にけり

という歌を重ねている。『うたたね』の作者も、ここではセルフ・イメージとし

て、夕顔を意識しているのではないだろうか。浮舟と言い、夕顔と言い、『うたたね』の作者は、自らを『源氏物語』に登場する悲劇の女に重ねている。その点では、『更級日記』の作者と似ている。

なお、法金剛院の見事さを語る「心《こころ》の色《いろ》も外《ほか》に離《はな》る心地《ここち》して」の「外《ほか》に離《はな》る」の部分は、「扶桑拾葉集」の原文では「ほかには。なる」となっている。解釈しにくい箇所なので、「ほかには」と「なる」の間に、何文字かの脱落があると、校訂者が考えたのだろう。そこから、「ほかにもことなる」（外《ほか》にも異《こと》なる）という「群書類従」の本文が発生してきたのだと思われる。ただし、「ほかにも」の「も」が落ち着かないので、『うたたね　全訳注』などでは、「ほかには異なる」という独自の本文に改めている。

本書は、「扶桑拾葉集」の本文の通りに解釈する方針なので、かなり無理筋ではあるが、「外《ほか》に離《はな》る」と漢字を当てはめ、脱落があるのならば「外《ほか》に離《はな》る」の二つ目の「る」（こ）だろうと推測しておく。

また、作者が自分の歌を評した「思《おも》ひ様《ざま》、然《さ》る事無《ことな》き心《こころ》の中《うち》ならむかし」の部分も、本文異同が多く、「思《おも》ひ交《ま》ずる事無《ことな》き」とする説もある。

4　あの人からの来信

帰《かへ》りても、いと苦《くる》しければ、打《う》ち休《やす》みたる程《ほど》、「御文《おんふみ》」とて、取《と》り入《い》れたるも、胸《むね》打《う》ち騒《さわ》ぎて、引《ひ》き広《ひろ》げたれば、唯今《ただいま》の空《そら》の哀《あは》れに、日頃《ひごろ》の怠《おこた》りを取《と》り添《そ》へて、濃《こま》やかに書《か》き成《な》されたる墨付《すみつ》き・筆《ふで》の流《なが》れも、いと見所《みどころ》あれど、例《れい》の、却々《なかなか》掻《か》き乱《みだ》す心迷《こころまよ》ひに、言《こと》の葉《は》の続《つづ》きも見《み》えず成《な》りぬれば、御返《おんかへ》りも、如何《いか》が聞《き》こえけむ。

名残《なごり》もいと心細《こころぼそ》くて、此《こ》の御文《おんふみ》を、熟々《つくづく》と見《み》るにも、日頃《ひごろ》の辛《つら》さは、皆忘《みなわす》られぬるも、「人悪《ひとわ》ろき心《こころ》の程《ほど》や」と、又《また》、打《う》ち置《お》かれて、

　此《これ》や然《さ》は問《と》ふに辛《つら》さの数々《かずかず》に涙《なみだ》を添《そ》ふる水茎《みづくき》の跡《あと》

[訳]　太秦詣《うずまさもう》でから、またお屋敷に戻ってきた。長いこと、窮屈な牛車の中に座り続けたので、身体の節々《ふしぶし》が痛くてたまらない。精神的にもはなはだ疲弊したので、楽な姿勢でくつろいでいた。すると、「お手紙が届きました」という侍女の声が聞こえた。無意識の

うちに、その手紙を受け取った。むろん、あの人からの手紙に違いない。早くも、太秦に詣でた効果が、現れ始めたのだろうか。

胸をどきどきさせながら、手紙を開封すると、やはり、あの人の筆跡だった。今の空模様が心に沁《し》みるという時候の挨拶から始まって、ここのところ、心ならずも御無沙汰しているこのお詫びが書き綴られていた。その言葉には、まことに心が籠もっているように感じられる。

筆蹟も見事であるし、墨の付け具合も完璧で、さすがに私が好きになった人だけのことはある。だが、嬉しいことがあると、かえって心が乱れてしまうという、悪い癖が私にはある。今回は、例に漏れず、こんな素晴らしい手紙をもらって嬉しいはずなのに、どうしたことか、心が激しく動揺する。にじんでくる涙で、あの人の手紙の文字がかすんでくる。私の手は、あの人への返事を書き始めたが、書いているうちに、心がここにあらずという状態になり、自分の手がどういう文字を書き付けているのか、わからなくなった。だから、どういう返事を書いたのか、どういう歌を書き付けたのか、皆目、記憶に残っていないのである。

あの人からの手紙を持ってきた使者に、返事を書いて持たせた後も、しばらく私はうっとりと余韻にひたっていた。我に返ると、いつものようにあの人との未来を悲観する心細さに取り憑《つ》かれ、切ない気持ちになった。それで、しみじみと、あの人から届いた手紙を読み返していると、ここ何日か、私を死ぬほど苦しめていたあの人への不信感や恨めしさを、綺麗さっぱり忘れてしまう。「ああ、自分の絶望とやらは、この程度のものだったのか。手紙が一通届いたくらいで消せるほどの不安でしかなかったのか」と思うと、我ながら情けなくて、あの人の手紙を、手から放して、そのあたりに置いた。そして、一首。

此《これ》や然《さ》は問《と》ふに辛《つら》さの数々《かずかず》に涙《なみだ》を添《そ》ふる水茎《みづくき》の跡《あと》

(これがまあ、恋の和歌で何度も詠まれてきた、あの「問《と》ふに辛《つら》さ」という心境なのだろうか。私の身の上には、あまりにもたくさんの「問ふに辛さ」が降りかかってくるので、涙が絶えることがない。あの人の、文面だけは私に優しい手紙を読むと、さらに涙の雨の量が増えてしまう。)

[評] この節も、作者自身の和歌で閉じられるように、場面構成されている。その歌には、「問《と》ふに辛《つら》さ」という言葉が使われていた。この言葉は、『源氏物語』葵《あおい》巻で、光源氏の正妻・葵《あおい》の上《うえ》が口にした「問《と》はぬ(訪《と》はぬ)は辛《つら》き物《もの》にや

あらむ」という言葉と深く関わっている。葵の上は、『源氏物語』に登場する主要な女君たちの中で、和歌を詠まなかった唯一の人物として知られる。それは、彼女に和歌を詠む素養がなかったからではなく、光源氏から適切な問いかけがなされなかったからである。

『源氏物語』の古注釈書によれば、この時、葵の上が口にしたのは、次の歌ではなかったか、と言う。

君《きみ》を如何《いか》で思《おも》はむ人《ひと》に忘《わす》らせて問《と》はぬは辛《つら》き物《もの》と知《し》らせむ（出典未詳）

男から訪問されない、話しかけられない女の辛さが、この歌と、葵の上の言葉の要《かなめ》である。

それに対して、『うたたね』では、「問《と》ふに辛《つら》さ」と歌っている。なまじっか男に訪問され、優しい言葉で話しかけられることで、かえって女の心の辛さが増さる、というのだ。「問《と》はぬ（訪《と》はぬ）は辛《つら》き」という状態の蓄積が、「問《と》ふに辛《つら》さ」という新しい状況に到るのである。

5 夕暮れの訪れと、暁の別れ

例《れい》の、人知《ひとし》れず、中道近《なかみちちか》き空《そら》にだに、たどたどしき夕闇《ゆふやみ》に、契《ちぎ》り違《たが》へぬ標許《しるべばか》りにて。尽《つ》きせず、夢《ゆめ》の心地《ここち》するにも、いで、聞《き》こえむ方《かた》無《な》ければ、唯《ただ》、言《い》ひ知《し》らぬ涙《なみだ》のみ、噎《む》せ返《かへ》りたる。

暁《あかつき》にも成《な》りぬ。枕《まくら》に近《ちか》き鐘《かね》の音《おと》も、唯今《ただいま》の命《いのち》を限《かぎ》る心地《ここち》して、我《われ》にもあらず、起《お》き別《わか》れにし袖《そで》の露《つゆ》、いとど託《かこ》ちがましくて、「君《きみ》や来《こ》し」とも思《おも》ひ分《わ》かれぬ中道《なかみち》に、例《れい》の、頼《たの》もし人《びと》にて、滑《すべ》り出《い》でぬるも、返《かへ》す返《がへ》す、夢《ゆめ》の心地《ここち》なむしける。

［訳］ あの人は、いつものように、人目に付かないように、こっそりやって来た。あの人の本宅と、私のいる持明院殿との距離は、そんなに遠くは無い。けれども、あたり一帯が暗くなって、道が見えない夕闇の中を、あの人は、「今宵は来ますからね」と手紙で伝えてきた約束を守らなければならないという一心で、逢いに来たのだろう。

「夕闇《ゆふやみ》は道《みち》たどたどし月待《つきま》ちて帰《かへ》れ我《わ》が背子《せこ》その間《ま》にも見《み》む」(『古今和歌六帖』)という古歌がある。月の無い日の夕闇は、道を歩くのも危険である。それでも、あの人は来てくれた。私への愛のためなのか、それとも、自分が約束を遵守《じゅんしゅ》する誠実な人間であることを証明するためだったのか。

初めて結ばれた時も、そうだったが、あの人と逢っている時の私は、いつも夢の中にいるような感覚に捕らわれる。この夜もそうで、心の中では、逢えなかった日々で、積もりに積もった辛さや恨めしさの塊《かたまり》が、こみ上げてはくるのだが、夢を見ているような私は、その言葉が口にできないもどかしさに苦しむばかりだった。いや、もう、言葉は出ずに、涙ばかりが溢れ出てくる。あの人の胸の中で、私はずっと噎《むせ》び泣いていた。

あっという間《ま》に、暁の別れが近づいてきた。近くのお寺で撞《つ》く、朝の時を告げる鐘の声が聞こえてくる。あの人は、もうすぐこの部屋を出て行ってしまう。私には、鐘の声が、まるで私の命の終わりを知らせるために鳴っているように思われた。

だから、いつ、あの人が出て行ったのか、確たる記憶はない。もう夢を見る時間は終わったのに、まだ夢から覚めたくないと願っている私を残して、あの人は去った。残された私の袖は、あの人を恨めしく思う涙でぐっしょりと濡れていた。「昨日の宵に、本当に、あの人が来たのだろうか。あの人が来たと思ったのも、夢の中の出来事だったのだろうか」と思い惑う私をよそに、あの人はまだ暗い道を、帰ってゆく。

『伊勢物語』第六十九段の「狩の使い」では、女である斎宮が、業平の部屋を訪れ、自分の部屋に戻ってゆく、夢のような逢瀬を持った。今の私は、男が来たのも、男が帰ってゆくのも、夢うつつの状態だった。

あの人は、いつものように、「また来るからね」と、次の逢瀬を期待させる言葉を口にしながら、誰にも気づかれないように、そっと帰っていった。それもまた、夢の中の出来事だったのか。

［評］　この節は例外的に、和歌で閉じられていない。ただし、『古今和歌六帖』の、「夕闇《ゆふやみ》は道《みち》たどたどし月待《つきま》ちて帰《かへ》れ我《わ》が背子《せこ》その間《ま》にも見《み》む」という古歌が、この場面では通奏低音のように響いている。加えて、『伊勢物語』の「狩の使い」の段も、響いている。

「夕闇《ゆふやみ》は道《みち》たどたどし」は、『万葉集』由来の歌だが、『源氏物語』の空蟬《うつせみ》巻などで印象的に引用されたことから、広く知られるようになった。その流れは、たびたびドラマ化され映画化された松本清張の短篇『たづたづし』にまで及んでいる。

『源氏物語』に引用されている古歌が、『うたたね』の作者に影響を与えている。これは、『源氏物語』の本文そのものが与えた影響よりも、格段に深い。『うたたね』の作者は、『源氏物語』の本文と注釈を、同時に読み込んでいる。そのような「注釈読み」こそが、中世源氏学の精髄なのである。

なお、「いで、聞《き》こえむ方《かた》無《な》ければ」の「いで」は、感動詞として解釈し、「いや、もう」と訳したが、複合動詞「出《い》で聞《き》こゆ」(言葉に出して申し上げる)だとする説もある。

6　あの人の正妻の死去

彼《か》の所《ところ》には、梅北《むめきた》の方《かた》、月頃《つきごろ》患《わづら》ひ給《たま》ひけるが、遂《つひ》に、消《き》え果《は》て給《たま》ひにければ、其《そ》の程《ほど》の紛《まぎ》れにや、又《また》、程経《ほどふ》るも理《ことわり》ながら、言《い》ひしに違《たが》ふ辛《つら》さはしも、有《あ》りしに増《ま》さる心地《ここち》するは、「如何《いか》に思《おぼ》し惑《まど》ふらむ」と、取《と》り分《わ》きたりける御思《おんおも》ひの名残《なごり》も、いと苦《くる》しく、推《お》し量《はか》り聞《き》こゆれど、哀《あは》れ知《し》る心《こころ》の程《ほど》、却々《なかなか》聞《き》こえむ方無《かたな》くて、日数経《ひかずふ》るいぶせさを、離《か》れ離《が》れぞ驚《おどろ》かし給《たま》ひつる。

【訳】あの人には、奥様がいらっしゃった。それを承知のうえで、私はあの人との愛に溺れていった。その奥様は、「梅北《うめきた》の方《かた》」と呼ばれていらっしゃったが、ここ数か月、ずっと病に臥しておられ、とうとう亡くなられた。

生前の看病、没後の法事、服喪《ふくも》など、あの人は多忙を極めているので、私の許《もと》を訪れることが長く途絶えているのは、致し方ないと、私も頭の中では理解しているつもりである。ただし、「言《い》ひしに違《たが》ふ辛《つら》さ」という言葉がある。『源氏物語』でも使われている。「また来るよ」「必ず来るからね」などと約束して帰宅したあの人に対しては、「あなたは、言っていることと、することが違っていますね」と言いたい気持ちが、強くなる一方である。でも、あの人に不満を伝えることはしない。私にしても、「あの人は、今、北の方に先立たれて、どんなにか悲しんでおられることだろうか。とても、私の相手どころではあるまい」と、あの人の心が推測できるからである。梅北の方は、あの人にとって取りわけ大切なお方だった。その方が亡くなったのだから、どんなにかお嘆きのことだろう。あの人は、私と関係したことを、亡き梅北の方に申しわけなく思っているかもしれない。でも、あの人に対して、私が感じているお悔やみと同情の気持ちを伝える手段はないのだった。
そういうわけで、あの人とはしばらく没交渉で、私は気がかりな日々を過ごしていたが、あの人は、私が忘れた頃に、時としてお便りを下さるのだった。

[評]「梅北の方」という本文は、意味不明瞭だが、どの写本・版本にも「梅北の方」とある。中世日記文学に『竹《たけ》むきが記《き》』（作者は日野名子《めいし》）があり、この「竹向《たけむき》」と関連して「梅向《うめむき》」という人物呼称もあるではないか、その「梅向」と「梅北の方」の「梅」は関連するのではないか、などとも言われる。
「正妻の死」という出来事は、『源氏物語』で言えば、葵の上の死去が連想される。葵の上の死によって、光源氏の次の正妻には誰がなるのか、多くの愛人たちの中には、ひそかに期待した女性もいた。たとえば、六条御息所《ろくじょうのみやすどころ》も、そ

の一人だった。ただし、六条御息所は生霊《いきりょう》となって、葵の上を死に追いやった、複雑な立場だった。

六条御息所は、都を去って、伊勢の国へと旅立つ。『うたたね』は、暫くして、遠江《とおとうみ》の国への下向を語ることになる。ここからは、「梅北の方＝葵の上」、「作者＝六条御息所」という対応も、読み取れるかもしれない。

『うたたね』の作者は、十代半ばにして、妻子ある男性と、深い仲になった。その男性の名前は、わからない。かなり身分の高い男性なのだろう。その恋に破れた後は、出奔、出家、遠江《とおとうみ》の国への下向というように、感情と行動の起伏が激しい人生を生きる。作品のどこにも、作者の嫉妬心や、生霊（物《もの》の怪《け》）を思わせる記述はないが、『うたたね』の作者は「霊になりうる女性」なのではないか、と読者に思わせるものがある。後年、阿仏が二条家の為氏との相続争いで、長期にわたる訴訟を展開した執念には、すさまじいものがある。

このことと深く関わると思うが、『うたたね』で繰り返し用いられる言葉に「心」がある。『うたたね』の作者には、「私だけの心」を語りたい、語り尽くしたい、という強い欲求があった。「心」や「心地《ここち》」という言葉の使用頻度がこれほど高い日記文学は、珍しいのではないか。誰かに聞いてもらいたい、誰かに聞かせたいという欲求の強さが、彼女を文学者に押し上げたのだと考える。

また、「言《い》ひしに違《たが》ふ辛《つら》さ」の部分は、『源氏物語』明石《あかし》巻に、「言《い》ひしに違《たが》ふ」とある箇所を連想させる。須磨巻で、都を去る光源氏は、都に残る紫の上に、「いずれ事態が落ちつけば、紫の上を都から呼ぼう」とまで言ったのに、明石の地で、光源氏は明石の君と結ばれようとしている。二股を掛けつつある自分が、どんなに紫の上を苦しめるだろうかと、光源氏が自省する場面で、「言《い》ひしに違《たが》ふ」という言葉が用いられている。『うたたね』の作者は、この場面の中では、紫の上の立場を引き受けている。

『源氏物語』の注釈書は、この言葉の背景として、二つの古歌を指摘している。どちらも出典未詳である点に、興味が引かれる。『源氏物語』を深く読み込んでいる『うたたね』の作者は、この出典未詳の歌を知っていたであろう。つまり、注釈書を含めて、『源氏物語』を読んでいるのである。

程経《ほどふ》るも覚束無《おぼつかな》くは思《おも》ほえず言《い》ひしに違《たが》ふとばかりはしも（出典未詳）

いとどこそ増《ま》さりに増《ま》され忘《わす》れじと言《い》ひしに違《たが》ふことの辛《つら》さも（出典未詳）

7 あの人は、私の「光る君」

「つれなき世《よ》の哀《あは》れさも、自《みづか》ら聞《き》こえ合《あ》はせたく」など有《あ》れば、例《れい》の、打《う》ち寝《ぬ》る程《ほど》の鐘《かね》の響《ひび》きに、人知《ひとし》れず頼《たの》みを掛《か》くるも、思《おも》へばあさましく、「世《よ》の常《つね》ならず、徒《あだ》なる身《み》の行方《ゆくへ》、遂《つひ》に、如何《いか》に成《な》り果《は》てむとすらむ」と、心細《こころぼそ》く思《おも》ひ続《つづ》くるにも、「有《あ》りしながらの心《こころ》ならましかば、浮《う》きたる身《み》の科《とが》も、斯《か》うまでは思《おも》ひ知《し》らずぞ過《す》ぎなまし」など、思《おも》ひ続《つづ》くるに、今更《いまさら》、身《み》の憂《う》さも遣《や》る方無《かたな》く悲《かな》しければ、「今宵《こよひ》は、つれなくて止《や》みなまし」など思《おも》ひ乱《みだ》るるに、例《れい》の、待《ま》つ程《ほど》過《す》ぎぬるは、「如何《いか》なるにか」と、さすが、目《め》も合《あ》はず、身動《みじろ》ぎ臥《ふ》したるに、彼《か》の「小《ちひ》さき童《わらは》」にや、忍《しの》びやかに打《う》ち敲《たた》くを聞《き》き付《つ》けたるには、賢《かしこ》く思《おも》ひ鎮《しづ》むる心《こころ》も、如何《いか》なりぬるにか、やをら滑《すべ》り出《い》でぬるも、我《われ》ながら疎《うと》ましきに、月《つき》も、いみじく明《あ》かければ、いとはしたなき心地《ここち》して、透垣《すいがい》の折《を》れ残《のこ》りたる隙《ひま》に立《た》ち隠《かく》るるも、彼《か》の常陸《ひたち》の宮《みや》の御住《おんす》まひ思《おも》ひ出《い》でらるるに、「入《い》る方《かた》慕《した》ふ人《ひと》の御様《おんさま》ぞ、事違《ことたが》ひて御座《おは》しけれ」と、立《た》ち寄《よ》る人《ひと》の御面影《おんおもかげ》はしも、「里分《さとわ》かぬ光《ひかり》」にも並《なら》びぬべき心地《ここち》するは、あながちに思《おも》ひ出《い》でられて。

「さすがに、思《おぼ》し出《い》づる折《をり》もや」と、心《こころ》を遣《や》りて、思《おも》ひ続《つづ》くるに、恥《は》づかしき事《こと》も多《おほ》かり。

［訳］　久しぶりに届いた、あの人からの手紙には、「妻の死を目の前にして、この世には人間の思うままにならないことがあるのだと、このたびは、しみじみと思い知りました。そんなことを、あなたと逢って、じかに話し合いたいものです」などと書いてあった。こういう手紙が来ると、私はいつも、期待に胸を高鳴らすのだった。恋人のいない人たちが、鐘の響きを聞きながらそろそろ寝る準備をしている時間帯に、私は、「今夜は来てくれるかしら」「早く来てほしい」と、誰にも気取《けど》られないように、自分一人の心の中で祈り続けた。

ふと我に返って、そういう自分を冷静に観察すると、驚くほどにこれまでのあの人との関係から何一つ学んでいないことに気づき、愕然となる。「梅北《うめきた》の方《かた》が突然にお亡くなりになったのも、その一つだけれども、この私という存在も、お釈迦様の視点から見れば、取るに足らない仮初《かりそめ》の命を預かっているに過ぎない。命ですら無常なのだから、人間の愛情などまことにはかないものである。そんな愛情に心を占拠されている我が身は、これからどうなってしまうのだろうか」などと、自分のこれからが何とも不安に感じられる。その不安は、消えることがない。

私は、ふと『源氏物語』を思い出す。この物語に、何度も引用されている古歌がある。

取《と》り返《かへ》す物《もの》にもがなや世《よ》の中《なか》を有《あ》りしながらの我《わ》が身《み》と思《おも》はむ

ああ、あの日に帰りたい。今の自分が置かれている八方塞《はっぽうふさ》がりの袋小路《ふくろこうじ》は、こりごりだ。自分が何にでもなれると、自由を謳歌しながら、明るい未来を夢見ていた昔の日々を、どうにかして取り戻したい。

たとえば、空蟬《うつせみ》という女性が、この「取《と》り返《かへ》す物《もの》にもがなや」という古歌を、心の中で噛みしめている。父親が存命であれば、宮中に迎えられることもできたのに、今は伊予《いよ》の介《すけ》という老人の後妻になってしまった。このような自分が、光る君という輝かしい青年と関係することはできない。ああ、私は、むしょうに昔に帰りたい。それが、空蟬の嘆きだった。私もまた、空蟬の嘆きを共有している。

「あの人と出会う前の私は、真っ白な心を持っていた。もしも私が、あの頃の心を今でも持ち続けているのであれば、つまり、あの人と出会っていなかったならば、軽薄な恋に捕らわれ、我《われ》と我《わ》が身《み》を苦しめることもなく、自分の人生は失敗であったなどと、ここまで思い悩むことはなかったであろうに」などと思い続けると、生きていることが辛《つら》く、苦しくてならない。その苦しみは、どこにも取り払って捨てることができない。あの人との出会いが、私の生き方を変えてしまった。

「今夜という今夜は、たとえあの人が逢いに来てくれたとしても、嬉しがっている反応などせず、知らんぷりをしていようか」とまで思い詰めたりした。けれども、それはただの強がり。あの人が来てくれるいつもの時間になっても、まだあの人は来てくれない。そうなると、「どうしたのだろう。あの人の気が変わったのだろうか」と考えてしまい、さすがに頭に血が昇って、眠れない。心の中で考えることが行ったり来たりして、そのつど寝返りを打つ。そんなふうにして横になっていると、庭の戸を敲《たた》く小さな音が聞こえた。

あの音は、あの人が使っている少年が、あの人の到着を知らせる合図。そう気づいた瞬間に、「今夜は、あの人が来たとしても、自分は木か石になったつもりで、冷淡な態度を貫こう」と思案していたことなどは、吹き飛んでしまった。あの人への恋ゆえに、熱くなりすぎた心を冷却させようとする私の思いつきは、何の役にも立たなかった。私の心は熱くなり、あの人に少しでも早く逢いたくて、庭の木戸を開けるために、私は寝室を音も無く滑《すべ》り出て、庭先に走り出ようとしていた。我ながら、そういう自分が嫌になる。

月は、明るかった。その光に照らされて、私はやっと我に返った。この光にまともに照らされたら、私の寝乱れた、みっともない姿を、あの人にはっきりと見られてしまう。自分の姿を隠そうとして、隙間《すきま》だらけで、ほとんど毀《こわ》れている垣根の後《うし》ろに身を潜めた。

あれ。こんな状況を、どこかで読んだ記憶がある。そう、『源氏物語』の末摘花《すえつむはな》巻だ。壊れかけた垣根の後ろに隠れたのは頭中将《とうのちゅうじょう》。それを見付けたのは、光る君。常陸《ひたち》の宮《みや》の遺児である末摘花に興味を持った光る君は、彼女の屋敷の庭で末摘花の様子を窺《うかが》う。すると、自分より先に誰かが来ていて、垣根の裏に潜んでいる気配がした。何と、光る君の従兄《いとこ》で、光る君の妻（葵《あおい》の上《うえ》）の兄である頭中将《とうのちゅうじょう》だった。二人は、和歌を詠み合う。

（頭中将）諸共《もろとも》に大内山《おおうちやま》は出《い》でつれど入《い》る方見《かたみ》せぬ十六夜《いざよひ》の月《つき》

（光源氏）里分《さとわ》かぬ光《かげ》をば見《み》れど行《ゆ》く月《つき》の入佐《いるさ》の山《やま》を誰《たれ》と尋《たづ》ぬる

頭中将は、「大内山＝宮中」から、光る君を尾行し、光る君が妻以外の誰と交際しているのか見届けようとして、垣根の裏に潜んでいた。光る君は、「月はどんな里にも公平に光を注ぐ。自分は、どこにでも出かける。なのに、私の跡《あと》を尾《つ》けるのはひどいじゃないですか」と、戯れたのだった。

そう、垣根の影に隠れているのは、今の私。そして、光る君のようにおっとりとやって来るのが、あの人。あの人は、私が思っていることはお見通しだよと言わんばかりに、振る舞う。「あれあれ、そこに潜んでいるのは、私の密かな恋の相手を暴こうとしている人かな。光る君の恋人を突き止めようとしている頭中将と、そっくりだね。いや、頭中将は男だったけれども、君は女性だ。しかも、私の恋人ではありませんか」などと言いながら、あの人はゆっくりとこちらに歩いてくる。にっこり笑ったそのお顔が、私の想像する光る君の姿と、ぴたりと重なった。この記憶は強烈で、その後、いつまでも鮮烈な思い出として私の心の中に焼き付けられた。この夜のあの人の姿を、私は何度、思い返したことだろう。

「私が、これほどあの人のことを思い出すのだから、あの人のほうでも、あの夜のことを思い出すことはあるのかしら」と思いやって、あの人との恋を追懐し続けるのだが、相手は私のことなど忘れてしまっているかもしれず、自分の執着心が恥ずかしくなることが多いのである。

［評］『源氏物語』で何度も引用された「取《と》り返《かへ》す物《もの》にもがなや世《よ》の中《なか》を有《あ》りしながらの我《わ》が身《み》と思《おも》はむ」（出典未詳）という古歌は、人生の半ばを越えた人間や、人生の総決算を迎えつつある人間が、心の中で思い浮かべるのにふさわしい内容である。だが、『うたたね』の作者は、まだ十代半ばでの体験を、この古歌を用いて書き綴っている。宋の詩人・李賀《りが》は、「長安に男児有り。二十にして、心已《すで》に朽ちたり」と歌った。「自分の心は、二十にして早くも朽ち果てていた」と回想する早熟の天才は、鎌倉時代初頭の平安京にもいた。しかも、女性として。

『うたたね』の作者の心を、若くして朽ち果てさせたのは、誰か。普通に考えれば、彼女を苦しい恋ゆえに苦しめた不実な恋人である「あの人」だろう。だが、それだけではない。「あの人」のマイナス・イメージを、作者が宇治十帖の匂宮に当てはめたり、「あの人」のプラス・イメージを末摘花巻の光源氏に重ねたりしてしまう、『源氏物語』の巨大すぎる重力にあった。これは、文化の退廃なのか。それとも、成熟なのか。要するに、文学の魔力である。そういう魔力を無限大・無尽蔵に秘めた傑作が、『源氏物語』なのだった。

なお、「彼《か》の『小《ちひ》さき童《わらは》』にや」の部分は、『伊勢物語』第六十九段に登場し、伊勢の斎宮と在原業平の密事と関わった「小《ちひ》さき童《わらは》」を踏まえている。ただし、『伊勢物語』では、斎宮が召し使っている女童《めのわらわ》である。ここでは少年だろうから、『和泉式部日記』冒頭に登場し、和泉式部に敦道《あつみち》親王からの手紙をもたらした「小舎人童《こどねりわらわ》」のイメージもある。

なお、「有《あ》りしながらの心《こころ》ならましかば、浮《う》きたる身《み》の科《とが》も、斯《か》うまでは思《おも》ひ知《し》らずぞ過《す》ぎなまし」の部分を、「過《す》ぎなまし」ではなく、「過《す》ぎまし」とする本文もある。「なまし」のほうが、時間の経過を読者に感じさせ、作者の抱いている後悔の念が強調されるように思う。

8 恋の道と、仏の道と

師走《しはす》にも成《な》りぬ。雪《ゆき》、掻《か》き暗《くら》して、風《かぜ》も、いとすさまじき日《ひ》、いと疾《と》く下《お》ろし回《まは》して、人《ひと》、二人《ふたり》三人《みたり》許《ばか》りして、物語《ものがたり》などするに、「夜《よ》も、甚《いた》く更《ふ》けぬ」とて、人《ひと》は皆《みな》寝《ね》ぬれど、つゆ微睡《まどろ》まれぬに、やをら、起《お》き出《い》でて見《み》るに、宵《よひ》には雲隠《くもがく》れたりつる月《つき》の、浮雲紛《うきぐもまが》はず成《な》りながら、山《やま》の端《はち》近《か》き光《ひかり》の、仄《ほの》かに見《み》ゆるは、七日《なぬか》の月《つき》なりけり。

「見《み》し夜《よ》の限《かぎ》りも、今宵《こよひ》ぞかし」と思《おも》ひ出《い》づるに、唯《ただ》、其《そ》の折《をり》の心地《ここち》して、定《さだ》かにも覚《おぼ》えず成《な》りぬる御面影《おんおもかげ》さへ、差《さ》し向《む》かひたる心地《ここち》するに、先《ま》づ、掻《か》き暗《くら》す涙《なみだ》に、月《つき》の影《かげ》も見《み》えずとて、「仏《ほとけ》などの見《み》え給《たま》ひつるにや」と思《おも》ふに、恥《は》づかしくも、頼《たの》もしくも成《な》りぬ。

［訳］あの「十六夜《いざよい》の月」の思い出のあと、あの人の足は遠のいた。霜月《しもつき》（旧暦十一月）に、訪れが一度あったくらいだった。そうこうしているうちに、師走《しわす》（旧暦十二月）になった。

空を真っ暗に閉ざして、雪が降りしきり、風も、恐ろしいくらいに強く吹いている夕暮れだった。お屋敷の格子《こうし》を慌てて、皆下《お》ろして、部屋の中に籠もって、親しい女房仲間の二、三人と世間話をして時間をつぶしていた。やがて、彼女たちは、「あらまあ、こんな遅い時間になっていたのね」などと言って、眠りに就《つ》いた。

私は一人、あの人との恋の行く末を思うと、とても眠れないので、気分転換のためにそっと部屋を抜けだして、庭の近くまで行ってみた。すると、空模様は日暮れまでと一変していた。宵の頃には雲に覆われて隠れていた月が、浮雲《うきぐも》に隠されることもなく、その所在が確認できたのである。まだ真夜中のはずなのに、早くも山の端《は》に沈もうとするお月様が、かすかな光を放っている。それは、七日の月、そう上弦《じょうげん》の月なのだった。

「そう言えば、あの人と最後に逢ったのが、この上弦の月の夜だったかしら」と思い出した。その瞬間、今が、あの人と最後に逢った、その日であるかのような気持ちになった。一月《ひとつき》以上も逢っていないので、今ではあの人の顔すら定かには思い出せなくなっている。それなのに、この上弦の月を見ると、あの人の顔だけでなく、仕種《しぐさ》や口ぶりまでもがありありと蘇り、あの人と向かい合っているかのようだった。そう思った途端に、私の目には涙がにじみ、視界を遮《さえぎ》る。せっかく姿を現した月の光も、再び見えなくなる。

「月を見ていて心に思い浮かべていたのは、あの人の顔の記憶では無い。あれは、仏様が私を導くために、お姿を現して下さったのかもしれない」と思った。あの人との救われぬ恋も、私を仏の道に導くための方便《ほうべん》だったのかもしれないと思うと、自分の精神状態の未熟さが恥ずかしくもあり、仏様の導きが頼もしくも思われたのだった。

［評］この節も、和歌で閉じられていない。突然の発心《ほっしん》の自覚が、この節の眼目である。「仏《ほとけ》などの見《み》え給《たま》ひつるにや」。仏の教えが、和歌や漢詩の替わりをしている。

さらに言うならば、『うたたね』の作者にとって、「月」は特別の意味を持っている。後に、彼女は阿仏（阿仏尼）の名前で、日本文学史に刻印された『十六夜日記』を書くことになる。

9　出家の決意

然《さ》るは、月日《つきひ》に添《そ》へて、堪《た》へ忍《しの》ぶべき心地《ここち》もせず、心尽《こころづ》くしなる事《こと》のみ増《ま》されば、「縦《よし》や、思《おも》へば易《やす》き」と、理《ことわり》に思《おも》ひ立《た》ちぬる心《こころ》の付《つ》きぬるぞ、「有《あ》りし夢《ゆめ》の験《しるし》にや」と、嬉《うれ》しかりける。「今《いま》はと、物《もの》を思《おも》ひ成《な》りにしも」と言《い》へば得《え》に、悲《かな》しき事多《ことおほ》かりける。

［訳］　私が恋の道から仏様の道へと回心しかかっているのには、それなりの理由がある。あの人との関係は、時の経過と共に行き詰まり、私の心は苦しみや嘆きの限りを味わい尽くした。もう、これ以上は我慢できないという、限界点に達しつつあったのである。だから、「よし、この世での女の幸せが、どれほどのものだと言うのだろうか。一度出家の覚悟さえ固めれば、あとはその道を進むだけだから簡単だ」と思うようになったのは、理《り》の当然だった。

大きな踏ん切りとなったのが、先ほど書き記した上弦の月の夜の出来事だった。「あの人の顔が、いつの間にか仏様の顔に変わったのは、まるで夢か幻を見ているかのようだった。あれは、仏様が、恋ゆえに自分の本質を見失った私を救おうとして、見させてくれた霊夢《れいむ》だったのかもしれない」と思うと、嬉しさで心は満たされる。

ただし、まだ十代半ばの未熟な私には、諦めようにも諦められない、恋への未練があるのも事実である。「俗世間で生きる気持ちは、もうこれで綺麗さっぱり無くなった」と書きたいのは山々《やまやま》なのだけれども、必ずしもそうとも言い切れないもやもやが、あの人のことだけではなく、たくさんあるのだった。

【評】　この節も、和歌ではなく、「仏教」で結ばれている。
ただし、作者の心は、宗教の世界へではなく、依然として文学、すなわち、『源氏物語』の磁場に吸引されている。文学から宗教への転身を果たすためには、文学の中の文学、物語の中の物語である『源氏物語』との訣別が必要なはずである。

　ところが、この節では、「心尽《こころづ》くしなる事《こと》のみ増《ま》されば」とか、「言《い》へば得《え》に、悲《かな》しき事多《ことおほ》かりける」などとある。『源氏物語』の須磨《すま》巻で、須磨への退去を覚悟した光源氏は、亡き妻・葵の上の母親である大宮《おおみや》（桐壺帝の妹）と別れを惜しんでいる。その箇所に、「暁《あかつき》の別《わか》れは、斯《か》うのみや心尽《こころづ》くしなる」とある。また、光源氏は、自分の召人《めしうど》（お手つきの女房）だった中納言の君とも別れを惜しみ、「言《い》へば得《え》に悲《かな》しう」（口に出して言えないほど悲しい）と、彼女に思わせていた。「言《い》へば得《え》に」は、もともとは『伊勢物語』第三十四段の、「言《い》へば得《え》に言《い》はねば胸《むね》に騒《さわ》がれて心一《こころひと》つに嘆《なげ》く頃《ころ》かな」という和歌に由来するが、『源氏物語』でも印象的に用いられていた。だから、この節は和歌で閉じられてはいないけれども、和歌的な情緒や物語的な重力が支配している、と言える。

10　出家の前に、あの人からの手紙を読み返す

春《はる》の長閑《のどやか》なるに、何《なに》と無《な》く積《つ》もりにける手習《てならひ》の反古《ほんご》など、破《や》り返《かへ》す序《つい》でに、彼《か》の御文《おんふみ》どもを取《と》り出《い》でて見《み》れば、梅《むめ》が枝《え》の色付《いろづ》き初《そ》めし始《はじ》めより、冬草《ふゆくさ》枯《か》れ果《は》つるまで、折々《をりをり》の哀《あは》れ、忍《しの》び難《がた》き節々《ふしぶし》を、打《う》ち解《と》けて、聞《き》こえ交《か》はしける事《こと》の積《つ》もりにける程《ほど》も、「今《いま》は」と見《み》るは、哀《あは》れ浅《あさ》からぬ中《なか》に、「何時《いつ》ぞや。常《つね》よりも、目《め》留《とど》まりぬらむかし」と覚《おぼ》ゆる程《ほど》に。

［訳］年が明けて、春になった。私は誰にも言わずに、出家の覚悟を固め、身辺整理を始めた。ある、のどやかな日に、これまで私が手習《てならい》で書きしたためた歌や文章などが、いつの間にか溜まりに溜まっていたのに気づき、破り捨てるなどして、処分した。あの人に

書いた手紙の下書きや、あの人と逢えぬ日に思い浮かんだ嘆きの歌などの類《たぐい》である。

その際に、あの人から届いた手紙を大切にしまっていたのも、もうこれで読むのも最後だと思って、読み返した。春に、梅の枝に蕾が膨《ふく》らみ始めてから、冬に、草が枯れ果てるまでの四季折々、その時々の美しい景物を織り込みながら、私への思いを和歌と散文で書いておられた。あの人も、美しい季節の美しい時間を、一人だけで眺めるよりも私と二人で愛《め》でたいと思ったからこそ、このような手紙を書かれたのだろう。私のほうでも、四季折々の恋心を、あの人に宛《あ》てて書き綴っていたのだった。これらの手紙は、私とあの人の二人が合作した「一年間の恋物語」なのである。

その「恋物語」を読む機会は、今後二度と無いだろう。私は出家して尼になり、俗世間の恋愛感情を捨ててしまうのだから。けれども、あの人からの手紙を読みながら、「この手紙をもらったのは、いつだったかしら。でも、今日は、いつも以上に、熱心に手紙を読んでいる。不思議なことだ」などと思っているうちに、永い春の一日も終わってしまいそうになるので、大急ぎであの人の手紙も処分したのだった。

［評］　この後で、『うたたね』の作者は、恋人からの手紙を処分したのだと

思われる。そう考えて［訳］を書いた。出家前に、亡き恋人の手紙を読み返し、処分するのは、『源氏物語』幻巻《まぼろし》で、光源氏が紫の上の手紙を燃やしたり、水に流したりしたことを踏まえている。また、失踪前に、恋人の手紙を処分することは、同じ『源氏物語』浮舟巻で、浮舟が匂宮の手紙を処分したことの再現である。

『うたたね』の作者は、今、剃髪と出家という、人生の一大方向転換を実行しようとしている。その時、彼女の心を勇気づけ、背中を押したのは、何だったのか。現実の恋人である「あの人」への恨み辛《つら》みではないだろう。『源氏物語』で描かれている大いなる悲劇に、この自分も一体化しているという、法悦に近い喜悦なのである。

なお、この場面では、「積《つ》もりにける」という表現が二回繰り返されていて、作者の混乱ぶりを思わせる。それで、「群書類従」は、二回目のほうを「積もりける」として、重複感を少し緩和している。

11　自ら、髪の毛を切り落とす

此方《こなた》の女主人《あるじ》、「今宵《こよひ》は、いと寂《さび》しく、物恐《ものおそ》ろしき心地《ここち》するに。此処《ここ》に、臥《ふ》し給《たま》へ」とて、我《わ》が方《かた》へも帰《かへ》らず成《な》りぬ。

「あな、難《むつか》し」と覚《おぼ》ゆれど、迫《せ》めて、心《こころ》の鬼《おに》も恐《おそ》ろしければ、「帰《かへ》りなむ」とも言《い》はで、臥《ふ》しぬ。

人《ひと》は皆《みな》、何心《なにごころ》無《な》く寝入《ねい》りぬる程《ほど》に、やをら、滑《すべ》り出《い》づれば、燈火《ともしび》の残《のこ》りて、心細《こころぼそ》き光《ひかり》なるに、「人《ひと》や驚《おどろ》かむ」と、忌々《ゆゆ》しく恐《おそ》ろしけれど、唯《ただ》、障子《しやうじ》一重《ひとへ》を隔《へだ》てたる居処《ゐどころ》なれば、昼《ひる》より用意《ようい》しつる鋏《はさみ》、箱《はこ》の蓋《ふた》などの、程無《ほどな》く手《て》に触《さは》るも、いと嬉《うれ》しくて、髪《かみ》を引《ひ》き分《わ》くる程《ほど》ぞ、さすが、漫《そぞ》ろ恐《おそ》ろしかりける。

削《そ》ぎ落《お》としぬれば、此《こ》の蓋《ふた》に打《う》ち入《い》れて、書《か》き置《お》きつる文《ふみ》なども、取《と》り具《ぐ》して置《お》かむとする程《ほど》、出《い》でつる障子口《しやうじぐち》より、火《ひ》の光《ひかり》の、猶《なほ》、仄《ほの》かに見《み》ゆるに、文《ふみ》書《か》き付《つ》くる硯《すずり》の、蓋《ふた》もせで有《あ》りけるが、傍《かたは》らに見《み》ゆるを、引《ひ》き寄《よ》せて、削《そ》ぎ落《お》としたる髪《かみ》を押《お》し包《つつ》みたる陸奥《みち》の国紙《くにがみ》の傍《かたは》らに、唯《ただ》、打《う》ち思《おも》ふ事《こと》を書《か》き付《つ》くれど、外《ほか》なる燈火《ともしび》の光《ひかり》なれば、筆《ふで》の立所《たちど》も見《み》えず。

嘆《なげ》き投木(なげき)つつ《侘び》身《み》を早《はや》き瀬《せ》の底《そこ》其処(そこ)とだに知《し》らず迷《まよ》はむ後《あと》ぞ悲《かな》しき

「身《み》をも投《な》げてむ」と思《おも》ひけるにや。

［訳］　私は、身辺整理を済ませたので、いつでも出家できる段階になった。いよいよ、今夜あたり、こっそり自分の部屋で髪を削《そ》ぎ落として尼になろう、と決心した夜になった。尼になると、もう会えなくなるかもしれないので、お世話になった年輩の女房に、それとなくお別れするために、彼女の部屋に出かけた。すると、彼女が、「今夜は、とても寂しくて、一人で寝るのが恐いくらい。あなた、この部屋で私と一緒に寝てくれないかしら」と言うではないか。あまりにも熱心に引き留めるので、私は、とうとう自分の部屋に帰りそびれてしまった。

「ああ、面倒なことになった。無事に、今夜のうちに出家を決行できるだろうか」と不安になるけれども、自分一人が心の中に抱え込んでいる秘密が、この女房に知られたら大変なので、帰りたいのをじっと堪《こら》えて、彼女の言う通りに横になり、「帰ります」と言い出すこともできない。

　横になっているのは、この部屋の女主人である女房と、私との二人だけではなかった。何人かいたのだが、全員がぐっすり眠り込んで寝息を立てており、起きる心配はないようだ。私は、そっと足音も立てず、部屋を滑《すべ》り出た。あたりは真っ暗だが、消え残っている燈火《ともしび》のかすかな光だけを頼りに、自分の部屋に戻ろうとする。「私の足音や気配で、寝ている人が目を覚ましたら、どうしよう」と、ひどく恐ろしいけれども、これまで寝ていた部屋と私の部屋は、障子一つを隔てた距離なので、何とか無事に戻ることができた。

　私は、いそいそと髪を削ぎ落とす準備に取りかかった。本来ならば、師となる僧侶に、「流転三界中《るてんさんがいちゅう》、恩愛不能断《おんないふのうだん》、棄恩入無為《きおんにゅうむい》、真実報恩者《しんじつほうおんしゃ》」と唱えてもらって、長く伸ばした髪の毛を肩のあたりまで削《そ》いでもらうのだが、今は、たった一人での剃髪《ていはつ》を挙行するしかない。

　部屋の中は、暗い。昼間から準備していた物を、確か、このあたりに置いていたはずだと思って手探りで探すと、確かにあったのは嬉しかった。髪を切る鋏《はさみ》や、切った髪を入れる箱の蓋《ふた》などである。さあ、準備は整った。あとは、自分の髪に鋏を入れるだけだ。そう思って、髪の毛を手で左右に掻き分けて摑《つか》み、この握った手の上の部分を切るのだと思った瞬間、覚悟していたとはいえ、さすがに恐ろしくなって、心が震えた。

それでも、心を強く持って、髪の毛を切った。切った髪は、箱の蓋に置いた。そして、自分が出家するに到った気持ちを、まるで遺書のように書き記しておいた手紙を、一緒に添えた。あとは、このお屋敷を逃れ出て、これからそこで過ごすことにしているお寺へ向かうだけだ。

自分の部屋を出た時、さっき出てきた年輩の女房の障子口から、燈火の弱い光が、私の部屋まで射しているようで、私の部屋の中がかすかに見えた。私が昼間、遺書(置き手紙)を書いた時に使った硯の蓋が、まだ閉まってなかった。髪の毛を入れた箱の蓋の横にあった硯を引き寄せて、切り落とした髪の毛を包んだ陸奥国紙《みちのくがみ》の白い部分に、今、剃髪を済ませたばかりの私の気持ちを書き付けたのだった。遠い部屋から漏れ入ってきた弱い燈火で書いたので、筆も紙もよく見えず、とんでもない悪筆になってしまった。後から、この手紙を見つけて読んだ人は、私がよほど心乱れていたと思うかもしれない。

嘆《なげ》き《投木(なげき)》つつ身《侘びみ》を早《はや》き瀬《せ》の底《そこ》《其処(そこ)》とだに知《し》らず迷《まよ》はむ後《あと》ぞ悲《かな》しき

(流れの速い川の瀬に投げ込まれた木が、どこに流れていったのかわからなくなるように、深い恋の嘆きゆえに生きることに疲れ、川に身を投じようとしている私は、川の底に沈んで命を失い、亡骸《なきがら》は川を下って海へと流されてゆき、やがて失われてしまうだろう。自分で命を絶った罪深い人間は極楽往生できないと言うから、私は生きている間、迷い続けてきただけでなく、死後もさまよい続けることになるのだろう。)

一瞬ではあるが、この時の私は衝動的に「入水《じゅすい》」を思っていたのだろうか。それとも、『源氏物語』の浮舟《うきふね》が、「身《み》を投《な》げし涙《なみだ》の川《かは》の早《はや》き瀬《せ》を柵《しがらみ》かけて誰《たれ》か留《とど》めし」と詠んだことが、脳裏をよぎったのだろうか。

［評］　髪の毛を削《そ》ぐ場面に、「鋏《はさみ》、箱《はこ》の蓋《ふた》」とあるが、浮舟が手習《てならい》巻で剃髪する場面にも、「鋏取《はさみと》りて、櫛《くし》の箱《はこ》の蓋《ふた》、差《さ》し出《い》でたれば」とある。浮舟は、横川《よかわ》の僧都《そうず》に剃髪してもらったが、『うたたね』の作者は、自らの手で、しかも薄暗い中で削ぎ落とした。

この節の最後には、和歌がある。［訳］で明示したように、宇治十帖の浮舟巻で、浮舟が死を決意して詠んだ辞世と対応している。ただし、浮舟は死ぬつもりで、宇治川に入水《じゅすい》しようとした。それが果たせずに、横川の僧都に助けられ、出家して尼になった。『うたたね』の作者は、この後の文章から明らかなように、死ぬつもりはなく、尼になるために西山の尼寺に向かおうとした。

作者の歌の初句「嘆《なげ》きつつ」は、「扶桑拾葉集」の本文では、その右側に「嘆《なげ》き侘《わ》び」という異文がある、と注記してある。浮舟巻には、「嘆《なげ》き侘《わ》び身をば捨《す》つとも亡《な》き影《かげ》に憂《う》き名《な》流《なが》さむ事《こと》をこそ思《おも》へ」という浮舟の歌もある。「憂《う》き名《な》」（辛《つら》い評判）と「浮《う》き名《な》」（男女関係ゆえの悪い評判）の掛詞であるが、この歌にも、死を決意した浮舟の追い詰められた感情が表れている。

『うたたね』を読んでいる『源氏物語』の愛読者は、蘇った浮舟が自らの筆で人生を回想する機会はなかったのか、と無い物ねだりしてしまう。蘇生した浮舟は、無意識のうちに和歌を詠む「手習《てならい》」は書き付けた。ただし、本格的な「自伝＝半生記」は書かなかった。『うたたね』は、ある意味で、「その後の浮舟」が回想記を書いたならばどういう文章になったであろうかを、推測する一つの材料になる。『源氏物語』から一方的に影響を受けるだけではなく、『源氏物語』を照らし出す側面も『うたたね』にはあるのだ。

12 逡巡しつつも、屋敷を逃れ出る

唯今《ただいま》も出《い》でぬべき心地《ここち》して、やをら、端《はし》を開《あ》けたれば、晦日頃《つごもりごろ》の月無《つきな》き空《そら》に、雨雲《あまぐも》さへ立《た》ち重《かさ》なりて、いと物恐《ものおそ》ろしう、暗《くら》きに、夜《よ》も未《ま》だ深《ふか》きに、宿直人《とのゐびと》さへ、折《をり》しも打《う》ち声《こわ》繕《づくろ》ふも、「難《むつか》し」と聞《き》き居《ゐ》たるに、「斯《か》くても、人《ひと》にや見付《みつ》けられむ」と、空恐《そらおそ》ろしければ、元《もと》の様《やう》に入《い》りて臥《ふ》しぬれど、傍《かたは》らなる人《ひと》、打《う》ち身動《みじろ》ぎだにせず。

前々《さきざき》も、宿直人《とのゐびと》の、夜深《よぶか》く門《かど》を開《あ》けて出《い》づる慣《な》らひなりければ、其《そ》の程《ほど》を、人知《ひとし》れず待《ま》つに、今宵《こよひ》しも、疾《と》く開《あ》けて出《い》でぬる音《おと》すれば。

然《さ》るは、志《こころざ》す道《みち》も、捗々《はかばか》しくも覚《おぼ》えず。此処《ここ》も、都《みやこ》にはあらず、北山《きたやま》の麓《ふもと》と言《い》ふ所《ところ》なれば、人目《ひとめ》繁《しげ》からず。木《こ》の葉《は》の陰《かげ》に付《つ》きて、夢《ゆめ》の様《やう》に、見置《みお》きし山路《やまぢ》を、唯独《ただひと》り行《ゆ》く心地《ここち》、いと甚《いた》く、危《あやふ》く、物恐《ものおそ》ろしかりける。山人《やまびと》の目《め》にも咎《とが》めぬままに、奇《あや》しく、物狂《ものぐる》ほしき姿《すがた》したるも、全《すべ》て、現《うつつ》の事《こと》とも覚《おぼ》えず。

［訳］　この辞世の歌を書き付けたあと、すぐにでもこの部屋を出てゆきたいと思って、部屋の端《はし》の出口を開けた。月末の頃だったので、空にはお月様も懸かっておらず、黒っぽい雨雲《あまぐも》までもが厚く重なっていて、はなはだ不気味だった。まだまだ夜の闇は深く、誰も起きている人はいないだろうと思っていたのに、屋敷を警備する者たちが、いかにも仕事をしていますと言わんばかりに、庭で、大げさに点呼をしたり咳払いをしたりしているのまでが、私の耳に入ってきた。「面倒だな」と思って聞いているうちに、「今、彼らに私が出てゆくのを見つけられたら厄介だ」と考えると、恐怖に足がすくんでしまった。私は、髪の毛を剃《そ》り落とす直前まで寝ていた年輩の女房の部屋まで戻り、そこで横になった。お歳《とし》を召している彼女は、ぐっすりと眠りこけていて、身動きもせず寝入っている。

私は、このまま屋敷に留《とど》まり、朝を迎えよう、などとは思っていない。これまでの経験から、警備の者たちは、夜明けに近づいた、まだ暗いうちに屋敷の門を開けて、そこから退出する習慣であることを、私は知っていた。だから、その時間帯を、私はひたすら待った。すると、今宵に限って、いつもより早く、彼らが屋敷から出てゆく音がするではないか。私が、その機会を逃さずに、屋敷を逃れ出たことは、言うまでもない。

強い覚悟で屋敷を後《あと》にしたとは言っても、これから向かうべき目的地――西山にある尼寺――までの正確な道筋をはっきり記憶しているわけではない。今、私が後《あと》にしたばかりの持明院殿も、平安京の外にあり、人々は「北山の麓」と呼んでいるくらいである。

だから、人目を気にしなくてもよいどころか、人とすれ違うことも滅多にない。ずっと続いている木々の下を、道なりに西へ、西へと向かうのである。去年の秋の太秦詣《うずまさもう》でもそうだったが、これまでは牛車に乗って通った道なので、漠然とした道筋しか覚えていない山道である。道の両側には、木々が茂っていて、木陰は暗い。その道を、たった一人で、しかも深夜に歩くのは、何だか夢の中の出来事めいて感じられる。いや、これは夢ではない、現実なのだと気づくと、ひどく危険なことを自分はしていると自覚されるので、ぞっとしてしまう。

ごく稀に、山道を歩く庶民とすれ違うこともあるが、彼らから見咎められることもなかった。この時の私の姿は、身分の低い人たちと変わらない、窶《やつ》した姿だったからだろうか。いや、私は、庶民よりもさらに下の、異様《いよう》な姿と形相《ぎょうそう》をしていたことだろう。まことにもって、この深夜の逃避行が現実に起きたことだとは、今以て私自身にさえ信じられないのである。

［評］「宿直人《とのゐびと》」が屋敷を巡回しながら警備しているのは、宇治十帖の浮舟巻で、浮舟と匂宮の密通の事実を知った薫が、「宿直人」たちに厳重な警備を命じたことと対応している。警備が厳しかったので、匂宮は、わざわざ都から宇治まで来たものの、浮舟と逢えずに空しく引き返した。『うたたね』の作者は、宿直人が警備を解いた隙《すき》に、屋敷から脱出した。

この節には、和歌の要素は稀薄である。そう言えば、浮舟が出奔したあとで、『源氏物語』の内部における和歌の比重は、総体的に低下している。『源氏物語』五十四帖の最後である夢浮橋《ゆめのうきはし》巻には、かろうじて一首、薫の歌があるだけである。

作者が脱出した持明院殿は、作品の中では「北山《きたやま》の麓《ふもと》」とあるが、現在は市街地である。

13 道に迷い、行き暮れる

然《さ》ても、彼《か》の所《ところ》、西山《にしやま》の麓《ふもと》なれば、いと遥《はる》かなるに、夜中《よなか》より降《ふ》り出《い》でつる雨《あめ》の、明《あ》くるままに、しほしほと濡《ぬ》るる程《ほど》に成《な》りぬ。故郷《ふるさと》より嵯峨《さが》の辺《わた》りまでは、少《すこ》しも隔《へだ》たらず見《み》渡《わた》さるる程《ほど》の道《みち》なれば、障《さは》り無《な》く行《ゆ》き着《つ》きぬ。

夜《よ》も、漸《やうや》う、ほのぼのとする程《ほど》に成《な》りぬれば、道行人《みちゆきびと》も、此処許《ここもと》は、「いと奇《あや》し」と咎《とが》むる人《ひと》も有《あ》れば、物難《ものむつか》しく、恐《おそ》ろしき事《こと》、此《こ》の世《よ》には何時《いつ》かは覚《おぼ》えむ。「唯《ただ》、一筋《ひとすぢ》に、無《な》きに成《な》し果《は》てつる身《み》なれば、足《あし》の行《ゆ》くに任《まか》せて、早《はや》や、山深《やまふか》く入《い》りなむ」と、打《う》ちも休《やす》まぬままに、苦《くる》しく、堪《た》へ難《がた》き事《こと》、死《し》ぬ許《ばか》りなり。

入《い》る嵐《あらし》の山《やま》の麓《ふもと》に近付《ちかづ》く程《ほど》、雨《あめ》、忌々《ゆゆ》しく降《ふ》り増《ま》さりて、向《む》かへの山《やま》を見《み》れば、雲《くも》の、幾重《いくへ》とも無《な》く折《を》り重《かさ》なりて、行《ゆ》く先《さき》も見《み》えず。辛《から》うじて、法輪《ほふりん》の前《まへ》過《す》ぎぬれど、果《は》ては、山路《やまぢ》に迷《まよ》ひぬるぞ、すべき方《かた》無《な》きや。

惜《を》しからぬ命《いのち》も、唯今《ただいま》ぞ、心細《こころぼそ》く、悲《かな》しき。いとど、掻《か》き暗《くら》す涙《なみだ》の雨《あめ》さへ降《ふ》り添《そ》ひて、来《こ》し方《かた》・行《ゆ》く先《さき》も見《み》えず。思《おも》ふにも、言《い》ふにも足《た》らず。今《いま》、閉《と》ぢめ果《は》てつる命《いのち》なれば、身《み》の濡《ぬ》れ通《とほ》りたる事《こと》、伊勢《いせ》の海人《あま》にも超《こ》えたり。

［訳］　ところで、私が必死に歩いて向かっているのは、西山の尼寺である。私は、「北山の麓」から「西山の麓」まで、一気に歩き通すつもりだった。かなりの距離ではある。しかも、夜中から降り始めた雨が、夜が明けてゆくにつれてひどい降りになり、着ている服が湿《しめ》る程度ではなく、ぐっしょり濡れてしまった。出発した持明院殿から嵯峨までは、かなりの距離とは言っても、それなりに近い距離ではあるし、道なりに西に向かえば良い。一目で見通せるほどの道筋である。だから、特に問題もなく、嵯峨まではたどり着けた。

そろそろ南に折れて、西山の尼寺に向かわねばならない。夜もかなり明けて、徐々に白み始めた。これまでは道ですれ違う人がいても、特に怪しまれずに済んだが、このあたりまで来ると、さすがに高貴な御所で宮仕えしている私の女房姿を見て、「ここには場違いの人だ。都人だろうか。ならば、なぜ、ここにいるのだろう。変だ」と見咎めているような人もいた。ここで、私の素性がわかってしまうと、せっかく逃れてきたお屋敷に連れ戻されるかもしれないので、困ったことになる。尼寺で閑《しず》かに暮らすという願いが叶わないかもしれない。庶民の視線も恐ろしい。こんなにぞっとしたことは、これまで生きてきた十何年間にはなかった。

私は勇気を奮い起こして、「自分は、もうこの世には生きていてはならない人間だと、はっきりと思い詰めたはずではなかったか。ならば、何も恐れず、何も考えずに、ただただ足の向くまま、道を突き進んで、西山に分け入り、尼寺を目指そう」と、短い休息を取ることもなく歩き続けた。体が、我慢できないくらいに苦しくて、本当に死んでしまいそうだった。

これから更に分け入って行く嵐山の麓に近づく頃には、雨がひどいくらいに土砂降りになった。向こうの山を見ると、雨雲がいくつもいくつも重なっていて、これから向かう尼寺の所在地も見えない。

難渋しながら歩き続けて、渡月橋（法輪寺橋）を渡ってすぐの法輪寺《ほうりんじ》の前を通り過ぎた。その先は、どこをどう歩いたのか、わからない。とうとう、山道で道に迷ってしまった。万事休す。途方に暮れるとは、このことである。

とっくに捨てたはずの命も、今となっては惜しくなる。いざ現実に命が失われそうな状況になると、人はこのような心細さや悲しさを感じるものなのだろうか。降りしきる雨に加えて、私の心の中でも涙の雨が降りしきり、そのために心の窓が閉ざされてしまい、過去も未来も見えない。頭の中は空っぽで、思いを言葉にすることもできない。極度の混乱と苦痛と悲哀の渦巻の中で、私の命は最期《さいご》を迎えてしまうのだろう。

とにかく、私の全身が、雨に濡れそぼつありさまは、和歌で詠まれる「伊勢《いせ》の海人《あま》」の姿よりもひどい。確かに、伊勢の海人は、朝な夕なに、水にくぐり、袖を濡らして、「海松布《みるめ》」などの海藻を刈り集めている。でも、水に潜っていない時には、彼らの袖は濡れていない。今の私は、海に潜っていないのに、全身が水まみれである。だから、伊勢の海人以上なのである。

［評］ 雨の日の出奔という点で、ここもまた、浮舟の出奔が重ね合わされている。

この節の最後には、「身《み》の濡《ぬ》れ通《とほ》りたる事《こと》、伊勢《いせ》の海人《あま》にも超《こ》えたり」とある。ここには、古歌の揺曳《ようえい》を読み取ることもできる。たとえば、『古今和歌集』に、「伊勢《いせ》の海人《あま》の朝《あさ》な夕《ゆふ》なに潜《かづ》くてふ海松布《みるめ》に人《ひと》を飽《あ》く由《よし》もがな」がある。

だが、『うたたね』の作者は、自らが体験した悲劇的人生を『源氏物語』の様式で描こうとしているのだから、ここもまた『源氏物語』の中から「海人」を探すべきだろう。

そうなると、六条御息所が思い浮かぶ。六条御息所が伊勢に下向する際には、「伊勢《いせ》の海《うみ》に釣《つり》する海人《あま》の浮子《うけ》なれや心一《こころひと》つを定《さだ》めかねつる」(『古今和歌集』)という古歌が思い浮かべられていたし、須磨に下った光源氏に、六条御息所は自分を「伊勢《いせ》の海人《あま》」に喩えた歌を贈っている。

だから、この節では、『うたたね』の作者は、自らを六条御息所に転位させていると考えてよいだろう。前節の最後に、「山人《やまびと》の目《め》にも咎《とが》めぬままに、奇《あや》しく、物狂《ものぐる》ほしき姿《すがた》したるも、全《すべ》て、現《うつつ》の事《こと》とも覚《おぼ》えず」とあったのも、この時の作者が「物《もの》の怪《け》」(生霊《いきりょう》)じみていたことを示している。

14 松の木の下で、救いの手が

甚《いた》く回《まは》り果《は》てにければ、松風《まつかぜ》の荒々《あらあら》しきを頼《たの》もし人《びと》にて。「此《これ》も、都《みやこ》の方《かた》より」と覚《おぼ》えて、蓑《みの》・笠《かさ》など着《き》て、囀《さへづ》り来《く》る女《をんな》あり。小童《こわらは》の、同《おな》じ声《こゑ》なると、物語《ものがたり》するなりけり。「此《これ》や、桂《かつら》の里《さと》の人《ひと》ならむ」と見《み》ゆるに、唯歩《ただあよ》みに歩《あゆ》み寄《よ》りて、「此《これ》は、何人《なにびと》ぞ。あな、心憂《こころう》。御前《おまへ》は、人《ひと》の手《て》を、逃《に》げ出《い》で給《たま》ふか。又《また》、口論《くちろん》などを、し給《たま》ひたりけるにか。何故《なにゆゑ》、斯《か》かる大雨《おほあめ》に降《ふ》られて、此《こ》の山中《やまなか》へは出《い》で給《たま》ひぬるぞ。何処《いづく》より何処《いづく》を指《さ》して、御座《おは》するぞ。奇《あや》し。奇《あや》し」と、囀《さへづ》る。何《なに》と言《い》ふ心《こころ》にか、舌《した》を度々《たびたび》鳴《な》らして、「あな、いとほし」「あな、いとほし」と、繰《く》り返《かへ》し言《い》ふぞ嬉《うれ》しかりける。

頻《しき》りに身《み》の有様《ありさま》を尋《たづ》ぬれば、「此《これ》は、人《ひと》を恨《うら》むるにもあらず。又《また》、口論《くちろん》とかやをもせず。唯《ただ》、思《おも》ふ事《こと》有《あ》りて、此《こ》の山《やま》の奥《おく》に、訪《たづ》ぬべき事《こと》有《あ》りて、夜深《よぶか》く出《い》でつれど、雨《あめ》も夥《おびただ》しく、山路《やまぢ》さへ惑《まど》ひて、来《こ》し方《かた》も覚《おぼ》えず、行《ゆ》く先《さき》も、え知《し》らず。死《し》ぬべき心地《ここち》さへすれば、此処《ここ》に、寄《よ》り居《ゐ》たるなり。同《おな》じく、其《そ》の辺《あた》りまで、導《みちび》き給《たま》ひてむや」と言《い》へば、愈々《いよいよ》、いとほしがりて、手《て》を引《ひ》かへて導《みちび》く情《なさけ》の深《ふか》さぞ、「仏《ほとけ》の御導《おんしるべ》にや」とまで、嬉《うれ》しく、ありがたかりける。

程無《ほどな》く、送《おく》り付《つ》けて、帰《かへ》りぬ。

［訳］　山道に迷ってしまい、前へ進んでいるつもりでも、元の場所に戻っていたりして、体力を消耗したので、もうこれ以上、一歩も先に進めなくなった。幸い、そこには大きな松の木が一本、立っていた。雨だけでなく風も激しいので、大きな松風を鳴らしている。けれども、その下にいれば、雨を防げる。これ以上に頼れる存在はないと思って、その木の下に倒れるように座り込んだ。

どれくらい、私は意識を失っていたのだろう。はっと気づくと、私の来た方角から、つまり都の方角から、雨除《あまよ》けの蓑《みの》や笠《かさ》などを着込んで、うまく聞き取れない言葉で何事かをおしゃべりしながら、やって来る女が見えた。彼女は、同じような声の少女と、何事か話し込んでいるのだった。私は、「彼女たちが、噂に聞く桂女《かつらめ》なのだろう。都で物を売り歩いて、帰ってきたのだろうか」と、漠然と思っていた。彼女たちは、倒れ込んでいる私を見つけると、ずんずん近づいてきた。

そして、早口で、何かと、私に話しかけるのだが、どうにも聞き取れない。おそらく、次のような意味だろうと、推測した。「おやまあ、こんな所で、女の人が倒れている。あなたは、どこの誰ですか。こんなになるなんて、何て労《いたわ》しいこと。あなたは、悪いご主人のいじめに我慢できなくて、そのお屋敷から逃げ出してきたのですか。それとも、自分のご両親と口喧嘩をして、家出をなさったのですか。どういういきさつがあって、こんな大雨にまともに打たれて、こんな山の中まで入り込んでしまったのですか。どこの家に住んでいて、どこへ向かって歩いておられたのですか。それにしても、おかしなことがあるものだ。考えれば考えるだけ、変な話だ」。

彼女たち庶民の言葉は、私には聞き取れないのだが、彼女たちの仕種《しぐさ》も変わっている。どういうわけなのか、話しながら、何度も何度も、舌を鳴らしている。けれども、「ああ、可哀想に」「可哀想に」と繰り返し言っているので、私に対して好意的であることが直感で伝わり、嬉しかった。「地獄で仏」とは、このことだろう。『源氏物語』の手習巻《てならい》で、宇治の屋敷を抜けだした浮舟が大雨に打たれ、大きな木の下で斃《たお》れていたところを、横川《よかわ》の僧都《そうず》一行に助けられる場面も、きっとこんな感じだったのだろう。

また、玉鬘《たまかずら》巻で、徒歩で長谷寺《はせでら》に向かっていた玉鬘が、歩き疲れて苦しんでいると、玉鬘の母親である夕顔《ゆうがお》にかつて仕えていた老女（右近《うこん》）と偶然に巡り合った場面も、私は連想した。私は、これまでも夢の中を生きているような感覚に捕らわれることがあったが、この時は、『源氏物語』の世界の中を生きているかのようだった。

さて、桂女たちが、何度も私の身の上を心配して尋ねるので、「私は、悪いご主人を恨んで、お屋敷を逃げ出してきたのではありません。また、親と口喧嘩をして、家出をしてきたのでもありません。ただ、この山奥に訪ねたい所があって、そこへどうしても行きたいと強く願っているのです。まだ暗いうちに都を出発して、そこへ辿り着こうとしたのですが、ひどい雨に降られましたし、深い山道で迷ったりして、自分がどこから来て、どこへ行くのかも、ここがどこなのかも、わからなくなったのです。すっかり体が弱ってしまい、死んでしまいそうになったので、この松の木に寄りかかって息を継いでいたのです。そこに、たまたま通りかかったのが、あなたたち二人でした。あなたたちも、この道を通って行くのでしたら、そのついでに、私の行きたいところまで連れて行ってもらえませんか」とお願いした。

彼女たちは、私の身の上を聞いて、ますます同情してくれて、私の手を取って歩く手助けまでして、道案内してくれた。その優しさに触れた私は、「これは、仏様のお導きではあるまいか」と、嬉しく、また感謝したことだった。玉鬘巻で右近と玉鬘が巡り合ったのも、長谷寺の観音様のお導きだった。物語では「二本《ふたもと》の杉」、私の現実では「松の木」だった。

彼女たちに案内してもらったので、目指す尼寺に無事に辿り着くことができた。桂女たちは、私を尼寺まで送り届けてから、彼女たちの家に戻っていった。

こうして、私は、あの人との愛の日々に、終わりを告げたのである。

［評］　物語的な叙述なので、この節には和歌がない。

浮舟は、「森《もり》かと見《み》ゆる木《き》の下《した》」で臥せていたところを、横川の僧都の一行に助けられた。『うたたね』は、松の木の下で助けられた。

桂女《かつらめ》たちが、作者がこんな所で倒れている理由を、さまざまに推測する場面が面白い。『源氏物語』でも、横川の僧都は、「鬼《おに》にも神《かみ》にも領《りやう》ぜられ、人《ひと》に追《お》はれ、人《ひと》に謀《はかりご》たれても、これ、横様《よこさま》の死《し》をすべきものにこそはあンなれ」と推測したし、彼の妹尼も、「物詣《ものまう》でなどしたりける人《ひと》の、心地《ここち》など患《わづら》ひけむを、継母《ままはは》など様《やう》の人《ひと》の謀《たばか》りて、置《お》かせたるにや」と推測している。

もう一つ、注意したいことがある。桂女たちの言葉が作者に理解困難だった点を、「囀《さへづ》る」という言葉で表現している点である。庶民の言葉が上流階級の人間には理解できないのは、まるで鳥の「囀《さへづ》り」のようだ、というのである。これも、『源氏物語』で、しばしば用いられる言語観・階級意識である。

田舎の人の言葉は早口で、しかも訛《なま》っている。「訛《だ》む」（あるいは清音で「訛《た》む」）、「舌訛《しただ》む」という動詞は、『源氏物語』に頻出している。「舌《した》を度々《たびたび》鳴《な》らして」と書いた作者の念頭には、『源氏物語』にも何度か引用されている『拾遺和歌集』の、

東《あづま》にて養《やしな》はれたる人《ひと》の子《こ》は舌訛《しただ》みてこそ物《もの》は言《い》ひけれ

という歌が、念頭をよぎっていたことだろう。

II　西山と東山での日々……籠《こ》もりの果てに

15　出家を遂げる

待《ま》ち取《と》る所《ところ》にも、「奇《あや》しく、物狂《ものぐる》ほしき物《もの》の様《さま》かな」と見驚《みおどろ》く人《ひと》、多《おほ》かるらめなれども、桂《かつら》の里人《さとびと》の情《なさけ》に劣《おと》らめやは。

様々《さまざま》に、助《たす》け扱《あつか》はるる程《ほど》、山路《やまち》は、猶《なほ》、人《ひと》の心地《ここち》なりけるが、「今《いま》は」と、打《う》ち休《やす》む程《ほど》、全《すべ》て、心地《ここち》も失《う》せて、つゆ許《ばか》り起《お》きも上《あ》がられず。徒《いたづ》ら者《もの》にて臥《ふ》したりしを、都人《みやこびと》さへ思《おも》ひの外《ほか》に、尋《たづ》ね知《し》る便《たよ》り有《あ》りて、三日許《みかばか》りは、とにかくに障《さは》りしかども、偏《ひと》ひに本意《ほい》遂《と》げにしかば、一筋《ひとすぢ》に、打《う》ちも嬉《うれ》しく思《おも》ひ成《な》りぬ。

［訳］ 西山の尼寺でも、私の到着を、今か今かと待ち受けていた。到着する予定時刻に大幅に遅れ、全身ずぶ濡れで、しかも桂女《かつらめ》の二人に付き添われて、這々《ほうほう》の体《てい》で辿り着いた私は、どんなにか物《もの》の怪《け》じみて見えたことだろう。尼寺の人々の多くは、「見るからに尋常ではなく、常軌を逸したようすで、この尼寺にやって来たことだ」とびっくりしていたようだったが、桂女の親切に劣らぬ思いやりで、私に接してくれた。

尼寺では、あれやこれやと、至れり尽くせりで、介抱してもらった。そうすると、人間とは不思議なもので、持明院殿からこちらまでやって来る山道では、最後には、へばったけれども、どうにかこうにか、意識は保っていられた。それが、尼寺に辿り着き、「これでもう大丈夫だ」と安心した途端に、緊張の糸が切れたのか、それから後の記憶はすべて消え失せている。それ以来、起き上がることもまったくできなくなった。前後不覚・人事不省の状態で、臥せていたようだ。宇治十帖の浮舟が、横川《よかわ》の僧都《そうず》に助けられて、宇治から比叡山の中腹にある小野《おの》の山里に移っても意識は戻らず、僧都の妹の尼から介抱されていたのと同じように。

そのうえ、私が持明院殿から出奔した知らせを受け、私の遺書と、形見の髪の毛を見た親族や乳母《めのと》が、この西山の尼寺まで訪ねてきて、三日間ほど、私を連れ戻そうと、すったもんだしたらしい。けれども、私は持明院殿を去る以前に、自分の手で髪の毛を削《そ》ぎ落としていたし、尼になる覚悟も固かったので、親族たちは私を連れ帰るのを断念して、都へと戻っていった。

私は、意識が回復してから、尼になる本望を、まっすぐに庵主に告げ、遂に出家を遂げた。これであの人との恋に疲れることも、苦しむこともなくなり、やっと自分らしい心を取り戻すことができる嬉しさで、心は満たされた。あの人との苦しかった恋は、私を出家へと導く良き機縁だったのだと、この時には確信できた。

［評］「偏《ひと》ひに」は、「扶桑拾葉集」の本文では「日とひに」。「日」は「ひ」の変体仮名なので、「ひとひに」。「13」には「向《む》かへ」という言葉があったが、「向かひ」が普通だろう。この「偏《ひと》ひに」は、「偏《ひと》へに」が普通である。『うたたね』の作者自身が舌訛《したた》みているのか、『うたたね』を筆写し続けてきた書き手の言語感覚が、思わず出てしまったのか。

なお、「一筋《ひとすぢ》に、打《う》ちも嬉《うれ》しく思《おも》ひ成《な》りぬ」の「打《う》ちも嬉《うれ》しく」の部分を、「憂《う》きも嬉《うれ》しく」とする写本がある。

16　心に沁みる鈴の音

然《さ》て、此《こ》の所《ところ》を見《み》るに、「憂《う》き世《よ》ながら、斯《か》かる所《ところ》も有《あ》りけり」と、凄《すご》く思《おも》ふ様《さま》なるに、行《おこな》ひ慣《な》れたる尼君達《あまぎみたち》の、宵《よひ》・暁《あかつき》の閼伽《あか》怠《おこた》らず、此処《ここ》・彼処《かしこ》に、「せぬ鈴《れい》」の音《おと》などを聞《き》くに付《つ》けても、漫《そぞ》ろに、「積《つ》もりけむ年月《としつき》の罪《つみ》も、斯《か》からぬ所《ところ》にて止《や》みなましかば、如何《いか》にせまし」と思《おも》ひ出《い》づるにぞ、身《み》も揺《ゆ》る心地《ここち》しける。

故郷《ふるさと》の庭《には》も狭《せ》に、憂《う》きを知《し》らせし秋風《あきかぜ》は、法華三昧《ほけさんまい》の峰《みね》の松風《まつかぜ》に吹《ふ》き通《かよ》ひ、眺《なが》むる門《かど》に、面影《おもかげ》と見《み》し月影《つきかげ》は、霊鷲山《りやうじゆせん》の雲井《くもゐ》遥《はる》かに、心《こころ》を送《おく》る導《しるべ》とぞ成《な》りにける。

捨《す》てて出《い》でし鷲《わし》の御山《みやま》の月《つき》ならで誰《たれ》を夜《よ》な夜《よ》な恋《こ》ひ渡《わた》りけむ

[訳]　さて、深い情念に突き動かされた出奔から出家に到る激動の数日が過ぎた。この日記の冒頭部分（Iの恋愛の回想記の部分）は、私の和歌や、古歌の引用で場面を閉じていたが、出奔の前後は、和歌なしで、一気に書き進めた。ここからは再び、私の歌日記のスタ

イルに戻って、尼寺で過ごした日々を書き記すことにしよう。

心が落ち着くと、西山にある尼寺で暮らしている自分を振り返る余裕が生まれた。「自分は安嘉門院《あんかもんいん》様に女房として宮仕えをしていた。身分の高い殿方と恋愛を体験するなど、高貴で、華やかで、賑やかな日々を過ごしてきた。その代償として、あの人との恋愛の苦しみが蓄積して、どうしようもなくなったのだった。この尼寺を取り巻いている静寂は、光と影、豪奢《ごうしゃ》と積悪に満ちていたこれまでとは対照的で、まったく違っている。「人間の世界は、こんなに広いものなのか。こんなにも静謐《せいひつ》な場所が、私のために用意されていたとは」という感慨にふけった。人によっては寂しさにぞっとするくらいに、派手派手しさや喧噪とは無縁で、理想的な住まいである。

仏様のお勤めに習熟した尼君たちが、宵と暁の決まった時間に、きちんきちんと、水やお花を仏様にお供えしている。あちらこちらから、お勤めの際に鳴らす鈴の音が聞こえてくるが、玲瓏《れいろう》にして凛冽《りんれつ》である。その音を耳にすると、これまでの宮仕えの日々で堕落していた私の精神が、むしょうに、きりりと引き締まる。「これまで、華やかな生活に麻痺して、生きる意味について考えることもせず、漫然と日々を過ごしてきた間に、溜《た》まりに溜《た》まった澱《おり》が、ここでの日々で、一瞬一瞬に消えてゆくのがわかる。もしも自分が、以前のような華やかな場所で暮らし続け、この尼寺に来なかったとしたら、罪深い我が身はどうなっていただろうか」と、かつての持明院殿での日々の記憶が蘇る。そして、思わず、ぶるっぶるっと全身が震えてくるのだった。

　北山の麓のお屋敷や自分の家で過ごしていた頃には、あの人の訪れがなく、私が飽きられたことを知らせる秋風が、庭中《じゅう》に荒寥と響いて私を苦しめたものだが、この尼寺では同じ松風が、尼君たちが唱える法華三昧《ほっけさんまい》の声と響き合い、神韻縹渺《しんいんひょうびょう》と聞こえる。また、北山の麓のお屋敷や自分の家で、あの人の訪れを待ちながら見たお月様は、あの人の顔と重なって恋しく見えたものだが、この尼寺では同じ月が、お釈迦様が「真如《しんにょ》の月」に喩えられる尊い仏法をお説きになった、遠い天竺の霊鷲山《りょうじゅせん》（鷲《わし》の御山《みやま》）に思いを馳《は》せる縁《よすが》だと思われる。そういう心境を詠んだ歌がある。

　捨《す》てて出《い》でし鷲《わし》の御山《みやま》の月《つき》ならで誰《たれ》を夜《よ》な夜《よ》な恋《こ》ひ渡《わた》りけむ

（お釈迦様は、煩悩に満ち、無常な俗世間をお捨てになって、鷲《わし》の御山《みやま》で教えを説かれた。悟りを開いた者の心境は、真如《しんにょ》の月に喩えられている。私は、最初から、このような清浄な月を追い求めるべきだった。愚かだったこれまでの私は、いったい誰をお釈迦様のような救済者であるなどと錯覚して、「十六夜《いざよい》の月」のようだなどと心を燃やし、その夜ごとの訪れを待ち焦がれていたのだろうか。）

【評】　この節から、和歌によって場面が閉じられるスタイルが復活する。和歌的情緒に収まりきれない激動の時期は、ひとまず終わった。

「然《さ》て、此《こ》の所《ところ》を見《み》るに」という書き出しは、宇治十帖の手習巻で、やっと意識が回復した浮舟が、自分が今いる洛北（比叡山の中腹）の小野《おの》の山里の自然を、新鮮な目で眺める場面を意識して書かれている。

「怠《おこた》らず。此処《ここ》・彼処《かしこ》に、『せぬ鈴《れい》』の音《おと》などを聞《き》くに付《つ》けても」の部分には、本文の混乱があるのだろう。正確な意味は、把握しがたい。だが、自分の個人的な悲恋体験を『源氏物語』のスタイルで書き留めることで、自己再生を図るのが、『うたたね』の作者の確固たる執筆方針だった。そうなると、『源氏物語』賢木《さかき》巻が作者の心をよぎっているのではないか、と推測される。

光源氏は、藤壺への執着を断つために、雲林院《うりんいん》に籠《こ》もっている。その場面に、「法師《ほふし》ばらの閼伽《あか》奉《たてまつ》るとて、からからと鳴《な》らしつつ」という文章がある。「鳴《な》らしつつ」に関しては、「振鈴《しんれい》」のことだと考えるのがよいと思うが、本居宣長《もとおりのりなが》は、「花皿《はなざら》」を鳴らす音だと解釈している。

若紫《わかむらさき》巻にも、光源氏が藤壺を思う場面がある。そこでは、「法華三昧《ほけさんまい》行《おこな》ふ堂《だう》の懺法《せんぼふ》の声《こゑ》」が光源氏の耳に聞こえている。「せぬ鈴《れい》」の正しい解釈は、本来の本文が復元されないかぎり不可能だろうが、『うたたね』の作者には、光源氏が藤壺を思う複数の場面が脳裏をよぎっていたのではないか。それが、かつての作者が「あの人」を思う気持ちであり、今の作者が「仏法」を思う気持ちなのである。

なお、「身《み》も揺《ゆ》る心地《ここち》しける」の部分は、「身《み》、燃《も》ゆる心地《ここち》しける」と解釈することも可能である。

17 あの人への複雑な感情

寛《ゆた》の揺蕩《たゆた》に、物《もの》をのみ思《おも》ひ朽《く》ちにし果《は》てては、現心《うつつごころ》もあらず、憧《あくが》れ初《そ》めにければ、様々《さまざま》世《よ》の例《ためし》にも成《な》りぬべく、思《おも》ひの外《ほか》に流離《さすら》ふる身《み》の行方《ゆくへ》を、自《おの》づから、思《おも》ひ鎮《しづ》むる時《とき》無《な》きにしもあらねば、仮《かり》の世《よ》の夢《ゆめ》の中《うち》なる嘆《なげ》き許《ばか》りにもあらず。暗《くら》きより暗《くら》きに辿《たど》らむ長《なが》き夜《よ》の惑《まど》ひを思《おも》ふにも、いと迫《せ》めて悲《かな》しけれど、心《こころ》は心《こころ》として、「猶《なほ》、思《おも》ひ慣《な》れにし夕暮《ゆふぐれ》の眺《なが》めに打《う》ち添《そ》ひて、一方《ひとかた》ならぬ恨《うら》みも嘆《なげ》きも、堰《せ》き遣《や》る方《かた》無《な》き胸《むね》の中《うち》を、儚《はかな》き水茎《みづくき》の、自《おの》づから心《こころ》の適《ゆ》く便《たよ》りもや」とて、人知《ひとし》れず、書《か》き《掻き》流《なが》せど、いとどしき涙《なみだ》の催《もよほ》しになむ。

いでや、自《おの》づから、大方《おほかた》の世《よ》の情《なさけ》を捨《す》てぬ、無気《なげ》の哀《あは》れ許《ばか》りを、折々《をりをり》に散《ち》り来《く》る言《こと》の葉《は》も有《あ》りしにこそ、露《つゆ》の命《いのち》をも掛《か》けて、今日《けふ》までも永《なが》らへてけるを、憂《う》き世《よ》の人《ひと》の辛《つら》き偽《いつは》りにさへ慣《な》らひ果《は》てにけることも有《あ》るにや。

同《おな》じ世《よ》とも覚《おぼ》えぬまでに隔《へだ》たり果《は》てにければ、千賀《ちか》の塩竈《しほがま》も、いと甲斐無《かひな》き心地《ここち》して、

陸奥《みちのく》の壺《つぼ》の碑《いしぶみ》《文書(ふみか)き》掻《か》き絶《た》えて遥《はる》けき仲《なか》と成《な》りにけるかな

[訳] ただし、私の心から、綺麗さっぱりとあの人の面影が消え失せたわけではなかっ

た。私の心の底には、自分でも自覚できないほどに厚く、あの人への思いが堆積《たいせき》しているのだろう。私なりに、命を賭けた恋だったのは事実である。

『古今和歌集』の恋の部に、「いで我《われ》を人《ひと》な咎《とが》めそ大船《おほぶね》の寛《ゆた》の揺蕩《たゆた》に物思《ものおも》ふ頃《ころ》ぞ」という歌がある。海の上に浮かんだ大きな船が、絶え間なく、ゆらゆら揺れ動いているように、私の心もあなたを思ってゆらゆら揺れています、という意味である。私は、「大船」ではない。さしずめ、『源氏物語』の登場人物になぞらえれば、「浮舟《うきふね》」であろう。浮舟は大船よりは格段に小さいから、それだけ揺れは大きくなる。

あの人のことで苦しんでいた頃の私は、舟が前後左右に激しく揺れ動くように、ああだこうだと考えが揺れ動き、心の安まる時はなかった。心がぼろぼろになるまで悩んだあげく、夢と現実の区別もつかない限界状況で、お屋敷を出奔し、道に迷いつつもやっとこの尼寺まで辿り着いた。「愚かな女」、「初めての恋に自分を見失った女」の見本として、人々の世間話に恰好の材料を提供したことだろう。

自分でも想像もしていなかったさすらいの人生に踏み込んだ私であるが、この尼寺は閑《しず》かなので、これからの私がどうなるのかを、心静かに省察する時間は、たっぷりある。悪夢のようなあの人との過去の恋だけでなく、これから私が生きて行く未来のことも考えたい。さらには、死後に、私の霊魂がどうなるのか、という難問もある。

平安時代に恋多き生涯を送った和泉式部《いずみしきぶ》は、「暗《くら》きより暗《くら》き道《みち》にぞ入《い》りぬべき遥《はる》かに照《て》らせ山《やま》の端《は》の月《つき》」(『拾遺和歌集』)と歌った。「生きている時に、闇夜のように暗い人生を送った自分は、死後も極楽往生できず、無明長夜《むみょうじょうや》の暗い闇の中で苦しまなければならないだろう。真如《しんにょ》の月よ、明るい法《のり》の光を私の上に注ぎ、私を正しい道に導いてください」という意味である。和泉式部は、今の私の心境を、二百五十年も前に代弁してくれていた。

私の命と心を曇らせている迷いの雲の厚さを思うと、私は苦しくてたまらなくなる。けれども、いつまでも、そうそう悲観してばかりもいられない。迷う心の存在は否定できないのだから、迷いの存在を認めて、それと向かい合うしかないだろう。

私には、少しずつ、「自分の心に浮かぶ、つかみ所のない想念を、言葉で書き記したい。そうすれば、少しは自分の心の真実に迫れるかもしれない」という思いが強くなっていった。「この尼寺で、今、私は、夕暮れの情景を見ている。かつては、夕暮れが近づくと、あの人が来るか来ないか、それればかりを考えて、庭の気色をぼんやりと眺めていたものだった。あの人のことを思い続けた日々は長く続いて、今の尼寺の生活は始まったばかりだ。だから、あの人のことを別世界の人だと断念したつもりでも、永年の習慣とは恐ろししいもので、この尼寺で夕暮れの静謐な情景を眺めていても、この時間帯になると私が苦しんでいたあの人への恨みや、来てくれない嘆きが、堰《せき》を切ったかのように心の底から湧きだしてくる。これは、愚かな私だけの思いなのか。それとも、賢いと世間で言われている人たちも、そうなのだろうか。自分の今の思いを、私の取るに足らない文章で紙の上に書き付けたら、少しは心の中のもやもやも消えるかもしれない」と考えて、誰にも見つからないようにして書き付け、自分の心の中のもやもやを掻き払って流してしまおうとするのだが、筆は一向にすらすら流れず、流れ落ちるのは私の膨大な涙だけだった。

それでも、自分の心に浮かぶ由無し事《よしなごと》を書き付けていて、気づいたことがある。こんな未熟な私が、どうして今まで生きていられたのだろうか、という点である。「苦しい、辛《つら》い」とばかり思い詰めていた私にとって、生きる原動力は何だったのだろうか。それは、あの人の存在だった。

あの人ときたら、私に真実の愛情を注いでくれることは、一度もなかった。それでも、世間一般の普通の人だったら必ず持ち合わせているような同情心をあの人も持っていた。哀れな女を見たら、本心ではそう思っていなくても、「頑張ってね。応援するから」程度の言葉を、あの人は私に対しても、時折寄せてくれた。その偽りの言葉に、私は自分のちっぽけな命のすべてを託して、今日まで生きてきたのだった。私は、あの人の言葉に親しみすぎた。それは、心の籠《こ》もっていない、偽りの言葉であり、今となっては恨めしい言葉でもあった。

今の私は、少しは冷静に、自分をめぐる人間関係を観察できる。もはや、あの人と私が同じ世界で生きているとは思えない。「陸奥《みちのく》の千賀《ちか》の塩竈《しほがま》近《ちか》ながら遥《はる》けくのみも思《おも》ほゆるかな」（『古今和歌六帖』）という歌がある。「千賀《ちか》」と発音する地名は、「近い」という言葉を連想させるが、都から遠い陸奥にある、という意味である。あの人の住む宮廷世界と、私がいる西山の尼寺とは、それほど距離が隔たっているわけではない。現に、私の足でも、半日で歩き通せたほどである。だが、距離は近いけれども、二人の心は遠く隔たってしまった。そんな気持ちが、和歌になった。

陸奥《みちのく》の壺《つぼ》の碑《いしぶみ》掻《か》き《文書（ふみか）き》絶《た》えて遥《はる》けき仲《なか》と成《な》りにけるかな

（遠い陸奥《みちのく》には、かつて坂上田村麻呂《さかのうえのたむらまろ》が蝦夷退治の際に建てた「壺《つぼ》の碑《いしぶみ》」という石碑があると聞く。「碑《いしぶみ》」には「文《ふみ》」という言葉が含まれるが、あの人と私があれほど書き交《か》わした「文《ふみ》＝手紙」も、今はすっかり掻き絶えてしまった。）

［評］　玉葉調《ぎょくようちょう》の勅撰和歌集として知られる『風雅《ふうが》和歌集』に、安嘉門院四条（阿仏尼）と、定家の子で「御子左家」の正統な後継者となった藤原為家《ためいえ》との贈答歌が載っている。これが、「千賀《ちか》の塩竈《しおがま》」をキーワードとしている。

女《をんな》の許《もと》へ、近《ちか》き程《ほど》に有《あ》る由《よし》、音信《おとづ》れて侍《はべ》りければ、「今宵《こよひ》なむ、夢《ゆめ》に見《み》えつるは、塩竈《しほがま》の験《しるし》なりけり」、と申《まう》して侍《はべ》りけるに、遣《つか》はしける

前大納言為家

聞《き》きてだに身《み》こそ焦《こ》がるれ通《かよ》ふなる夢《ゆめ》の直路《ただち》の千賀《ちか》の塩竈《しほがま》

返《かへ》し

安嘉門院四条

身《み》を焦《こ》がす契《ちぎ》り許《ばか》りか徒《いたづ》らに思《おも》はぬ仲《なか》の千賀《ちか》の塩竈《しほがま》

おそらく、『うたたね』の執筆は、作者が為家と結ばれた前後であろう。「安嘉門院四条＝阿仏尼」は、藤原為家の後妻（側室）となり、前妻（正室）の子である藤原（二条）為氏《ためうじ》と、壮絶な相続争いを繰り広げた。詳しくは、近刊の『新訳十六夜日記』を参照していただきたい。「戦う阿仏尼」の凄まじさは、「尼将軍

＝北条政子」を越えて、『源氏物語』の六条御息所のイメージと重なる。

為家は、安嘉門院四条よりも、少なくとも二十五歳は年上である。にもかかわらず、為家は安嘉門院四条に夢中である。この節まで『うたたね』を読み進めてきた読者は、作者が『源氏物語』を読み込み、没入し、自分のものとしていた事実を知っている。しかも、古歌の引用や漢詩の引用なども、理解し尽くしている。

彼女が結ばれた為家は、「源氏見《げんじみ》ざる歌詠《うたよ》みは、遺恨《いこん》の事《こと》なり」（『六百番歌合』の判詞《はんし》）と宣言した藤原俊成《しゅんぜい》の孫であり、『源氏物語』の「青表紙本《あおびょうしぼん》」を校訂した藤原定家《ていか》の子であった。彼女は、「源氏学」の家元の蔵書を読み得る立場になった。ここから、『源氏物語』に憧れる少女は、源氏学の大家へと成長していった。晩年の阿仏尼は、飛鳥井《あすかい》雅有《まさあり》に、為家と二人で『源氏物語』の講釈をしている。

そのような注釈的で研究的な『源氏物語』への没入が、『うたたね』という奇蹟の作品を生み出したと考えられる。

18　洪水の記憶

日頃《ひごろ》降《ふ》りつる雨《あめ》の名残《なごり》に、立《た》ち舞《ま》ふ雲間《くもま》の、夕月夜《ゆふづくよ》の影《かげ》仄《ほの》かなるに、押《お》し明《あ》け方《がた》ならねど、「憂《う》き人《ひと》しも」と、生憎《あやにく》なる心地《ここち》すれば、妻戸《つまど》は引《ひ》き立《た》てつれど、門近《かどちか》く、細《ほそ》き川《かは》の流《なが》れたる、水《みづ》の増《ま》さるにや、常《つね》よりも音《おと》する心地《ここち》するにも、何時《いつ》の年《とし》にかあらむ、此《こ》の川《かは》に、水《みづ》の出《い》でたりしに、人知《ひとし》れず、波《なみ》を分《わ》けし事《こと》など、唯今《ただいま》の様《やう》に覚《おぼ》えて、

思《おも》ひ出《い》づる程《ほど》にも波《なみ》は騒《さわ》ぎけり憂《う》き瀬《せ》を分《わ》けて中川《なかがは》の水《みづ》

［訳］　ここ数日、雨が降り続いていた。雨の峠はやっと越えたけれども、妻戸《つまど》を開けて外を見てみると、空にはまだ雨を降らせた雲が、いくらか残っている。その雲の間《あいだ》から、夕月の光が、ほのかに射している。その月を見ていると、時間帯はまったく違うけれども、一首の古歌が心に思い浮かんだ。「天《あま》の戸《と》を押《お》し明《あ》け方《がた》の月見《つきみ》れば憂《う》き人《ひと》しもぞ恋《こひ》しかりける」（『新古今和歌集』）。この歌は、『源氏物語』賢木《さかき》巻でも引用されている。光る君が、自分につれない藤壺《ふじつぼ》を思って、この歌を口遊《くちずさ》むのである。

私が明け方の月ではなく、夕月を見て、恋しく思い出したのは、あの人である。私が愛したようには、私を愛してくれなかった、つれないあの人。『源氏物語』では、男が月を見て、つれない女を思い出す。現実世界では、女である私が月を見て、男を思い出している。物語と現実が、重なり合い、ねじれ、反転している。

あの人のことなど忘れたいのに、どうして尼寺に来てまで、あの人を思い出してしまうのだろうか。自分の心なのに、言うことを聞いてくれず、いまいましい。妻戸を引き立てて、部屋に戻ったので、もう月の光は射してこないが、川を流れる水の音が部屋の中まで聞こえてきた。

尼寺の門の前には、細い川が流れている。その水嵩《みずかさ》が、ここ数日来の雨で増えているのだろうか。いつもよりは、高い水音を立てている。だから、部屋の中まで聞こえてきたのである。

その音を聞いているうちに、私は突如として、時空のひずみの中に吸い込まれた。あれは、いつの頃だったか。正確には覚えていない。私が、あの人と愛し合っていた頃である。この川が、大雨が氾濫したことがあった。あっ、今、私は「この川」と書いた。私の心に蘇った川は、西山の尼寺の前を流れている川ではない。二人が愛し合っていた頃、近くの川から水が出たのだ。都の中を流れる「中川」だった、ということにしておこうか。「中川」の「中」は、男女の「仲」にも通じている。

その時、あの人は、夜、暗い中を、水浸しになった川を渡って、こっそり私に逢うために、危険を顧みずに逢いに来てくれた。そんなことが、つい、昨日《きのう》の出来事のように思われる。

思《おも》ひ出《い》づる程《ほど》にも波《なみ》は騒《さわ》ぎけり憂《う》き瀬《せ》を分《わ》けて中川《なかがは》の水《みづ》

(川の波の音の大きさで、私の心も大きく波立つ。川から水が溢れだした時の出来事を思い出すと、私の心は大きな呻《うめ》き声で満たされる。生きてゆくのは、辛《つら》いことだ。かつては、二人の仲を結び付けていた「中川」が、今では厳しく二人を隔てている。)

【評】 この節で引用されている「天《あま》の戸《と》を押《お》し明《あ》け方《がた》の月見《つきみ》れば憂《う》き人《ひと》しもぞ恋《こひ》しかりける」(『新古今和歌集』)という歌は、「16」の【評】で書いた『源氏物語』賢木巻で、光源氏が藤壺を思う場面で引用されている。

作者が性差を超えて光源氏と一体化して、「あの人」を偲ぶという磁場は、『うたたね』の作者が尼寺で過ごす日々に影響を及ぼし続けている。

「此《こ》の川《かは》に、水《みづ》の出《い》でたりしに」の部分は、「出《い》で立《た》ちし世《よ》」とか「出《い》でたりし世《よ》」などという異文がある。変体仮名の「に」と「よ」は、似ている。そこから誤写されたのだろう。

和歌の第四句「憂《う》き瀬《せ》」にも「憂《う》き世《よ》」という異文がある。確かに、平仮名の「せ」と、漢字の「世」は似ている。ただし、『源氏物語』手習巻に「憂《う》き瀬《せ》」という言葉があるので、私は「憂《う》き世《よ》」ではなく、「憂《う》き瀬《せ》」を取りたい。

『うたたね』に限らず、現代まで千年以上も研究され続けた『源氏物語』ですら、古典の本文は、一つに定めがたい。だから、私は、多くの読者に読まれた本文で、古典を解釈したいと思っている。そこで、『うたたね』の場合には、「扶桑拾葉集」本の採用となった。部分的には、他の諸本のほうが意味的にわかりやすくても、「扶桑拾葉集」の本文で解釈を一貫するという姿勢は、本書では変わらない。

19 呉竹の風

荒《あ》れたる庭《には》に、呉竹《くれたけ》の、唯少《ただすこ》し、打《う》ち靡《なび》きたるさへ、漫《そぞ》ろに恨めしき端《つま》と成《な》るにや。

世《よ》と共《とも》に思《おも》ひ出《い》づれば呉竹《くれたけ》の恨《うら》めしからぬ其《そ》の節《ふし》も無《な》し

節(よ)・夜

［訳］ 尼寺の庭は、手入れが行き届いていないので、荒れた感じがする。呉竹の群《むれ》も、伸び放題である。そこに風が吹くと、呉竹がかすかに撓《しな》って、さやさや、そよそよと音を立てる。それが、人を恨んで泣いている女性の泣き声のように聞こえるのだった。私もまた、その竹の葉擦《はず》れの音を聞くと、むしょうにあの人の辛さを思い出すきっかけになってしまうのだった。

なぜ、このように、尼寺に来てまで、私はあの人のことを恨めしく思い出してしまうのだろう。それは、最近になって、私の体に、ある種の変調が起き始めたからだった。私はもしかしたら、懐妊したのかもしれない。あの人の子を。ならば、私が出家したことは、無駄になってしまうのか。

呉竹の撓う音は、夜通し、いや昼間もずっと続いている。だから、私の辛さも、ずっと続いている。

節(よ)・夜 世《よ》と共《とも》に思《おも》ひ出《い》づれば呉竹《くれたけ》の恨《うら》めしからぬ其《そ》の節《ふし》も無《な》し

(呉竹には、たくさんの節《ふし》があるが、節《ふし》と節《ふし》の間のことを「節《よ》」と言う。その「節《よ》」と「節《ふし》」ではないが、「世《よ》(節《よ》)と共に」、私が生きている間中《あいだじゅう》、少なくも私が起きている間中《あいだじゅう》、そして夜中《よるじゅう》、呉竹を眺め、呉竹の葉擦れの音を聞いていると、これまでの人生の一齣《ひとこま》一齣が、次々に思い出されてくる。その一つ一つは、どれも辛いと感じさせる「節《ふし》」(時間)に満ちている。竹が節《ふし》と節《ふし》とで繋がっているように、私の人生は辛い場面と辛い場面が無限に連鎖するものだった。今回の懐妊の兆しも、その連鎖の一つなのだ。)

［評］歌の初句「世《よ》と共《とも》に」は、「節《よ》と共《とも》に」だけでなく、「夜《よ》と共《とも》に」の掛詞でもあるのだろう。

さて、この「19」の［訳］からは、本書が打ち出した新機軸・新解釈となる。これまでの私は、つまり、本書の執筆を開始する以前の私は、『うたたね』の表現から、作者の「あの人」への未練を読み取っていた。作者の心は、ずっと揺れている。だが、なぜ、一度は「あの人」を断念して、剃髪・出家したはずの作者が、未練たらしく「あの人」を思うのだろうか、その女心が読み解けなくて、もどかしかった。

今回、齢《よわい》「古希」に近づき、それなりに人生経験と読書体験を積み重ねてきた私は、『新訳　うたたね』を書き下ろすに際して、女性主人公の「懐妊」と「出産」という可能性に初めて思い至り、愕然とした。

本文に書かれなかったこと、作者が本文では書けなかったことを、汲み上げて読み取る。それが、文学研究の醍醐味である。その「行間を読む」姿勢によって、本書の「新訳」は書かれた。本書の問題提起が、読者にどのように受け止められるか、大いなる不安と共に、訳文を書き下ろしてみた。

『十六夜日記』には、阿仏尼が為家との間に生んだ子どもたちのほかに、別の男性との間に生んでいた「阿闍梨《あざり》」という人物が登場する。研究者の間でも、この「阿闍梨」の父親は未詳とされている。『十六夜日記』は、阿仏尼が自分の子どもたちの経済的基盤を確立するために鎌倉に下り、訴訟を起こす旅を描いている。その東下りの大切な旅に同行し、母である阿仏尼を守ったのが、この

「阿闍梨」だった。

『うたたね』の作者は、もしかしたらこの時、後の「阿闍梨」を孕《はら》み、出産したのではないか。

本書の読者は、『うたたね』作者の懐妊を読み取った本書の訳文を、一つの可能性として検証していただきたい。

20 思い切って、あの人へ手紙を出す

自《おの》づから、「事《こと》の序《つい》でに」など許《ばか》り、驚《おどろ》かし聞《き》こえたるにも、「世《よ》の煩《わづら》はしさに、思《おも》ひながらのみなむ。然《さ》るべき序《つい》でも無《な》くて、自《みづか》ら聞《き》こえさせず」など、等閑《なほざり》に書《か》き捨《す》てられたるも、いと心憂《こころう》くて、
消《き》え果《は》てむ煙《けぶり》の後《のち》の雲《くも》をだにもよも眺《なが》めじな人目守《ひとめも》るとて
と覚《おぼ》ゆれど、心《こころ》の中許《うちばか》りにて、腐《くた》し果《は》てぬるは、いと甲斐無《かひな》しや。

［訳］　たまたま、あの人に連絡しても不自然ではない用件ができたので、「ついでに、久しぶりにお便りしてみます」と手紙に書いて、あの人に届けた。

と、このように書いてはみたが、私は、あの人に、私の体の中で起きつつある微妙な変化を、それとなく書いて、あの人にわかってもらいたい、と願ったのだ。それは、あれほど振り切りたかったあの人への執着心とは、少し違う感情だった。

すると、あの人からも返事があったが、「妻が亡くなった後《あと》も公務多忙です。あなたとのことが世間の噂になったらいけませんので、あなたの身の上を心配していたのですが、こちらからあなたへお便りすることはできませんでした」などと、素《そ》っ気《け》なく、事務的に書いてあっただけだった。あの人は、私が手紙の行間に込めた意味――懐妊――を、理解できなかったのだろうか。それとも、理解はしたものの、気づかないふりをしたのか。

あの人からの返信を読むと、あの人の冷淡さも恨めしく、見捨てられた私も情け無くて、歌を詠んだ。

消《き》え果《は》てむ煙《けぶり》の後《のち》の雲《くも》をだによも眺《なが》めじな人目守《ひとめも》るとて

（あの人からも相手にされなくなった私は、生きる価値のない女になった。だから、私はまもなく死んでしまうだろう。失恋だけが、私の命を奪うのではない。出産は命懸けだと言われているから、私も産後の肥立《ひだ》ちが悪くて、命を失ってしまうかもしれない。私の亡骸《なきがら》を火葬にした煙は、空を漂う雲となって、あの人の住む家の上空を漂い、そこから地上のあの人を見下ろすだろう。けれども、あの人は、私よりも人目や外聞のほうが大切らしいので、私の形見《かたみ》である雲を眺めることも絶対にしないことだろう。）

私の絶望感は、こんな歌になった。ただし、心の中で詠んだだけで、あの人には送らず、筐底《きょうてい》に秘めてそのままにしてしまったのは、本当に歌を詠んだ甲斐《かい》もなかった。

［評］　あれほどの覚悟で持明院殿を出奔し、髪を剃り、出家の本意を遂げた作者が、おめおめと「あの人」に手紙を書いて、恥じていない。よほどの差し迫った事情があったからだろう。本書は、そこに「懐妊」の可能性を読み取る。『源氏物語』では、光源氏と藤壺の不義は、「罪の子」冷泉帝《れいぜいてい》の懐妊・出産となった。また、柏木《かしわぎ》と女三の宮《おんなさんのみや》との不義は、「罪の子」薫の懐妊・出産となった。ただし、宇治十帖においては、匂宮と浮舟の不義が、浮舟の懐妊・出産にはつながらなかった。

なお、この節の書き出しは、「自《おの》づから、『事《こと》の序《つい》でに』など許《ばか》り、驚《おどろ》かし聞《き》こえたるにも」というふうに本文を校訂したが、古典の写本では、引用や会話の範囲を明示するカギカッコ（「」）は書かれていない。むろん、句読点もない。後世の校訂者が、各自の解釈に従って引用符や句読点や濁点を付け加えるのだが、解釈は多様である。ここも、「事《こと》の序《つい》でに」だけでなく、「自《おの》づから、事《こと》の序《つい》でに」の全体を、カギカッコで包む説もある。

なお、亡骸《なきがら》を火葬した煙が空に昇って雲となる、という発想は、古典和歌の常套表現である。

21 尼寺から愛宕《おたぎ》に移る

其《そ》の頃《ころ》、心地《ここち》 例《れい》ならぬ事《こと》 有《あ》りて、命《いのち》も危《あやふ》き程《ほど》なるを、此処《ここ》ながら、ともかくも成《な》りなば、煩《わづら》はしかるべければ、思《おも》ひ掛《か》けぬ便《たよ》りにて、愛宕《をたぎ》の近《ちか》き所《ところ》にて、儚《はかな》き宿《やど》り 求《もと》め出《い》でて、移《うつ》ろひなむとす。「斯《か》く」とだに聞《き》こえさせまほしけれど、問《と》はず語《がた》りも奇《あや》しくて。泣《な》く泣《な》く門《かど》を引《ひ》き出《い》づる折《をり》しも、先《さき》に立《た》ちたる車《くるま》有《あ》り。前駆《さき》華《はな》やかに追《お》ひて、御前《ごぜん》など、事々《ことごと》しく見《み》ゆるを、「誰許《たればか》りにか」と、目留《めと》め難《がた》ければ、彼《か》の、人知《ひとし》れず、恨《うら》み聞《き》こゆる人《ひと》なりけり。

顔著《かほしる》き随身《ずいじん》など、紛《まが》ふべうもあらねば、「斯《か》く」とは、思《おぼ》し寄《よ》らざらめど、漫《そぞ》ろに、車《くるま》の中《うち》恥《は》づかしく、はしたなき心地《ここち》しながら、今一度《いまひとたび》、其《そ》れと許《ばか》りも見送《みおく》り聞《き》こゆるは、いと嬉《うれ》しくも、哀《あは》れにも、様々《さまざま》胸静《むねしづ》かならず。遂《つひ》に、此方《こなた》・彼方《かなた》へ行《ゆ》き別《わか》れ給《たま》ふ程《ほど》、いと甚《いた》う、返《かへ》り見勝《みが》ちに。

彼《か》の所《ところ》に、行《ゆ》き着《つ》きたれば、予《かね》て聞《き》きつるよりも賤《あや》しく、儚気《はかなげ》なる所《ところ》の様《さま》なれば、如《い》何《か》にして堪《た》へ忍《しの》ぶべくもあらず。暮《く》れ果《は》つる空《そら》の気色《けしき》も、日頃《ひごろ》に超《こ》えて心細《こころぼそ》く、悲《かな》し。宵《よひ》居《ゐ》すべき友《とも》も無《な》ければ、賤《あや》しく、敷《し》きも定《さだ》めぬ十編《とふ》の菅薦《すがごも》に、唯独《ただひと》り、打《う》ち臥《ふ》したれど、解《と》けてしも寝《ね》られず。

儚《はかな》しな短《みじか》き夜半《よは》の草枕結《くさまくらむす》ぶとも無《な》き転寝《うたたね》の夢《ゆめ》

［訳］何か、恋の魔物に取り憑《つ》かれたかのように、激情に駆られて剃髪し、北山の麓にある、持明院殿を出奔し、西山の尼寺に辿り着いてから暫くの間、私は静謐な時間に包まれていた。けれども、懐妊の兆しを自覚したことをきっかけとして、忘れたはずのあの人への「思ひ」という火が、熾火《おきび》のように燻《くすぶ》るようになった。その火は、少しずつ大きくなり、いつ、再び燃えさかるやもしれなかった。

だんだん私も悪阻《つわり》をするようになってきた。清浄な祈りの空間である尼寺を、出産に伴う血の穢《けが》れに触れさせてはならない。ましてや、万一のことが我が身に起きて、死の穢れに触れさせてはならない。しかも、私はまだ尼姿である。お世話になった尼寺には、これ以上の迷惑はかけられない。好都合なことに、思ってもみなかった縁があって、東山の愛宕《おたぎ》に近いところで、ちょっとした住まいを手配することができ、そこに移ることになった。

私は「北山」の麓にあったお屋敷を出奔し、「西山」の尼寺で出家し、今度は「東山」で病を養うことになった。何と、めまぐるしい空間移動であることか。私の「旅」は、いつまで続くのか。愛する夫や子どもと、一つ屋根の下で安住する「旅の終わり」は、いつ訪れるのだろう。

私は、「こういう次第で、居場所を変えます」と、詳しい事情をあの人に申し上げたかったのだけれども、向こうからは私に関心を持つことはないのに、私の方からだけあれこれ連絡するのは、考えれば考えるほどおかしなことなので、黙って引っ越すことにした。

尼寺の人たちと別れを惜しみ、感極まった涙をこぼしながら、私の乗った牛車《ぎっしゃ》は尼寺の門を外に出た。出産するからには、私はいつまでも尼姿ではいられまい。「還俗《げんぞく》」という言葉が、私の心をよぎった。私がこの尼寺に帰って来る日は、もう来ないだろう。

ちょうど、その時である。私の牛車のすぐ前を、立派な造りの牛車が通っているではないか。その車は、私と同じ方向に進んでゆく。よほど身分の高い人が乗っているのだろう。先払いの者たちが、盛大に魔除《まよ》けの声を出しているのが、はっきり聞こえてくる。馬に乗って警備する者たちも、畏《かしこ》まっている。「いったい、どなたなのだろうか」と、思うが、私は気分が優れないし、牛車の中なので、外の様子はよく見えない。けれども、はっと気づくと、何とまあ、あの、自分の胸一つで、薄情さを恨み申し上げている、あの人なのだった。

はっきりと顔に見覚えのある護衛もいるので、間違いなく、あの人が乗っているのだ。

こちらは気づいたけれども、あの人の方では、「後ろの牛車に乗っているのが、あの女だ」とお思いになることはないだろう。こちらは、粗末な牛車に乗っているので、あの人から私の車だとわかるはずはないのだが、みじめで、いたたまれない気持ちになる。けれども、こういう偶然で、一方的な再会ながら、生きているうちに、再び、あの人の乗った牛車をこうやってお見送りするというのも、はなはだ嬉しいし、胸に迫るものがあるし、いろいろな感情がこみ上げてきて、胸の動悸《どうき》が収まらなかった。

けれども、私は、少しずつ状況を理解し始めた。こんな都から遠い場所にある西山の尼寺の門の前で、高い身分であるあの人が、たまたま私の牛車が出てくるのを待ち受けていたかのように動き始める、ということは、奇跡でもなければ、まず、偶然には起きないことである。ということは、あの人は、誰かから教えられて私が懐妊したことを知り、東山の仮寓に移ることも知り、途中まで送ってくれるのだろうか。

そんなことを考えているうちに、とうとう、私が向かう愛宕《おたぎ》と、あの人の向かう都が別れる場所まで来た。ああ、あの人は私から遠ざかってゆかれる。私は、あの人の牛車が遠ざかってゆく方向を、何度も何度も振り返って見ていた。

そうこうしているうちに、愛宕に到着した。前もって、どういう住まいかの説明は受けてはいたものの、実際に目にすると、まことに粗末で、みすぼらしい外観だった。ここで暮らすのには、よほどの我慢と諦観が必要のようだ。真っ暗に暮れてゆく空の雰囲気も、ここ数日にも増して心細く、悲しかった。寂しい時に、一緒に添い寝してくれる乳母《めのと》も、同僚の女房も、尼君たちも、ここにはいない。私は、独りぼっちである。

建物も粗末ならば、置いてある夜具も貧相であった。こんな敷物の上で寝られるのだろうかという不安がよぎる。遠い陸奥《みちのく》には、「十編《とふ》の菅薦《すがごも》」という、粗末な薦《こも》があると聞く。編み目が十筋ある、目の粗い薦である。私が目にしている夜具も、「十編の菅薦」と似たり寄ったりであろう。ただし、十編の菅薦には、和歌では仲のよい夫婦の共寝《ともね》を意味している。たとえば、次のような古歌である。

陸奥《みちのく》の十編《とふ》の菅薦七編《すがごもななふ》には君《きみ》を寝《ね》させて三編《みふ》に我寝《われね》む（『夫木《ふぼく》和歌抄』）

（陸奥の国の夜具である十編《とふ》の菅薦《すがごも》は、編み目が十筋ある。そのうちの七筋には、私より体の大きなあの人に寝てもらい、残りの三筋で、あの人よりも体の小さい私が寝る。こうやって、私たち二人は仲良く共寝するのだ。）

ただし、十編の菅薦と同じくらい粗末な夜具に寝る私には、共寝してくる恋人も、友だちもいない。夜具の上に寝転んでも、一人で夜を過ごす不安から、熟睡できなかった。そんな気持ちを歌に詠んだ。

儚《はかな》しな短《みじか》き夜半《よは》の草枕結《くさまくらむす》ぶとも無《な》き転寝《うたたね》の夢《ゆめ》

（夜も短ければ、寝ている時間も短く、夜に見る夢も短い。今の私は、仮の住まいに宿っているが、旅先で一泊するという意味の「草枕を結ぶ」こともできず、夢を見るという意味の「転寝《うたたね》の夢を結ぶ」こともできない。）

こういう歌を詠むからには、私の心は、うたたねの夢でもよいから、あの人ともう一度、同衾したいと願っているのだろうか。私の還俗は、近い。

［評］　この節の最後に置かれている作者の和歌に、「転寝《うたたね》の夢《ゆめ》」という言葉があり、『うたたね』というタイトルが意味するものについて示唆するものがある。『うたたね』という作品に書かれている「女の半生」は、「転寝《うたたね》の夢＝一炊《いっすい》の夢」だったのである。

この節では、作者の突然の転居が語られるが、「懐妊」や「出産」という、本文には書かれていない補助線を引かないと、「心地例《ここちれい》ならぬ事有《ことあ》りて」という文章が、いかにも唐突である。「懐妊」や「出産」を読み取らなければ、作者が

「あの人」への未練を断ち切って髪を削《そ》いだ激情にも「若気の至り」という烙印《らくいん》を押されかねない。

「其《そ》の頃《ころ》」という書き出しは、大きく場面転換を図るために、『源氏物語』で何度も用いられた手法である。「其《そ》の頃《ころ》、世《よ》に数《かず》まへられ給《たま》はぬ古宮《ふるみや》、御座《おは》しけり」（橋姫巻《はしひめ》）、「其《そ》の頃《ころ》、横川《よかは》に、何某《なにがし》の僧都《そうづ》とか言《い》ひて、いと尊《たふと》き人《ひと》、住《す》みけり」（手習巻）などである。『源氏物語』では、「其《そ》の頃《ころ》」という表現によって、新しい登場人物が呼び入れられるが、『うたたね』の場合には、「其《そ》の頃《ころ》」という言葉が、新しい舞台と空間を呼び込んでくる。

「愛宕《おたぎ》」は、『源氏物語』では、桐壺更衣や柏木の葬儀が行われ、火葬の煙が棚引いた所である。前節の「消《き》え果《は》てむ煙《けぶり》の後《のち》の雲《くも》をだによも眺《なが》めじな人目守《ひとめも》るとて」という和歌と、絶妙につながっている。

「東山」は、夕顔巻で、「何某《なにがし》の廃院」で急死した夕顔の亡骸《なきがら》を、光源氏が惟光《これみつ》と二人で必死に運んだ場所である。「愛宕」と言い、「東山」と言い、死のイメージが付着している。

そして、『更級日記』では、作者（菅原孝標女）が、東山に謎の滞在をしていた。

その東山に、孝標女の恋人と思われる男性が訪ねて来ていることを思えば、『更級日記』の「東山」にも作者の「懐妊・出産」の可能性が否定できない。『山城名勝志《やましろめいしょうし》』（一七〇五年）には、東山に阿仏の屋敷があった、という記載があるが、真偽は未詳である。

なお、本文の異同について記しておくと、「扶桑拾葉集」の「目《め》留《とど》め難《がた》ければ」の部分は、「群書類従」では「目《め》留《とど》めたりければ」とあり、確かに、そちらが意味を理解しやすい。

ただし、「群書類従」の本文が解釈しやすいかと言えば、必ずしもそうではない。「遂《つひ》に、此方《こなた》・彼方《かなた》へ行《ゆ》き別《わか》れ給《たま》ふ程《ほど》、いと甚《いた》う、返《かへ》り見《み》勝《が》ちに」という文章は、一見すると唐突に文章が中断しているような印象を持つ。それで、その下に「心細《こころぼそ》し」という言葉を補っている写本もあるのだが、「群書類従」では「心細し」がなく、「扶桑拾葉集」と同じである。

こういう時に、ある部分では「群書類従」の本文を採用し、別の部分では「群書類従」を採用しないのでは、本文解釈の一貫性がない。本書は、「扶桑拾葉集」で読み進めてきたし、これからも読み進めてゆく。

22　十六夜《いざよい》の月

日頃《ひごろ》経《ふ》れど、訪《と》ひ来《く》る人《ひと》も無《な》し。心細《こころぼそ》きままに、経《きやう》、つと、手《て》に持《も》ちたる許《ばか》りぞ、頼《たの》もしき友《とも》なりける。「世皆不牢固《せかいふらうこ》」と有《あ》る所《ところ》を、強《し》ひて思《おも》ひ続《つづ》けてぞ、憂《う》き世《よ》の夢《ゆめ》も、自《おの》づから、思《おも》ひ醒《さ》ます便《たよ》りなりける。

「今日《けふ》か、明日《あす》か」と、心細《こころぼそ》き命《いのち》ながら、卯月《うづき》にも成《な》りぬ。十六夜《いざよひ》の光《ひかり》、待《ま》ち出《い》でて、程無《ほどな》き窓《まど》の蔀《しとみ》だつ物《もの》も下《お》ろさず、熟々《つらつら》と眺《なが》め出《い》でたるに、儚気《はかなげ》なる垣根《かきね》の草《くさ》に、円《まど》かなる月影《つきかげ》に、所柄《ところから》、哀《あは》れ少《すく》なからず。

置《お》く露《つゆ》の命待《いのちま》つ間《ま》の仮《かり》の庵《いほ》に心細《こころぼそ》くも宿《やど》る月影《つきかげ》

［訳］　東山の愛宕《おたぎ》の仮住まいに移ってから、何日も経《た》ったけれども、訪ねてくる人も手紙をよこす人も、誰一人としていない。死と向かい合う出産直前の身でありながら、一人で日々を過ごしている私は、高まる不安を鎮《しず》めようとして、お経《きょう》をしっかりと手に捧げ持

ち、祈りを捧げた。今や、経典だけが私の唯一の友となっている。

『法華経《ほけきょう》』の随喜功徳品《ずいきくどくぼん》の中に、「世皆不牢固《せかいふらうこ》」という一節がある。「世《よ》は皆《みな》、牢固《らうこ》ならず。水沫《すいまつ》・泡・焔の如《ごと》し」（世界には、何一つとして永遠に変わらないものなど存在しない。水しぶきや、澱《よど》みに浮かぶ泡《うたかた》や、炎のように、発生してすぐに消滅するものばかりである）。この一節を、私は意識して、何度も思い浮かべては、今の自分が置かれている不条理な状況を、「自分一人が苦しいのではない」と納得しようと努めた。人の命や、生きる喜びだけでなく、人が、この世で嘗《な》め尽くす苦しみや悩みも、悪夢のようなもので、いつかは必ず覚める。そう納得すれば、絶望や悪夢から脱却する糸口となるだろう。

一時は、「今日か明日には無くなるのだろうか」と思われた私の命ではあったが、何とか、生きて卯月《うづき》（旧暦四月）を迎えることができた。今年も、夏まで生きながらえた。

今夜は、十六日。空には、十六夜《いざよい》の月が懸《か》かるはず。「十六夜の月」には、あの人が光る君のような身のこなしと優雅さで、私の前に現れた懐しい思い出がある。だから、私は、十六夜の月が空に昇るのを、待ちに待った。月は、その輝かしい姿を、私の目に見せてくれた。誰からも見られていない心安《こころやす》さから、私はすぐ近くの窓を開けたままにしておいた。

「蔀《しとみ》」（雨戸）と言っても、粗末な家づくりなので、「蔀のような物」と言うのが正確なのだが、それを下《お》ろしもせず、深い物思いに浸《ひた》りながら、お月様を眺めていた。

私は、地上の取るに足らない垣根の草に対しても、空の上の丸いお月様の光に対しても、場所柄、しみじみとした哀れを感じるのだった。

置《お》く露《つゆ》の命《いのち》待《ま》つ間《ま》の仮《かり》の庵《いほ》に心細《こころぼそ》くも宿《やど》る月影《つきかげ》

（地上で結んだ露は、すぐに消え失せる。同じように、私の命も、すぐに終わる。終わりの刻《とき》を待つだけの私が、短い間、住んでいるだけの東山の仮の宿りにも、月の光は明るく注いでくれる。庭の垣根の草にも、私の袖に溜まっている涙にも、お空の月の光は満《まん》遍《べん》なく宿っている。）

【評】「世皆不牢固《せかいふらうこ》」という『法華経』の言葉は、『源氏物語』の柏木が「泡《あわ》の消《き》え入《い》る様《やう》に」死去したとある場面で、紫式部が念頭に置いていたであろうと、『河海抄《かかいしょう》』などが指摘している。ここも、『源氏物語』の注釈を経由して、『うたたね』の表現が生成している。

ところで、「置《お》く露《つゆ》の命《いのち》待《ま》つ間《ま》の仮《かり》の庵《いほ》に心細《こころぼそ》くも宿《やど》る月影《つきかげ》」の歌のように、十六夜《いざよい》の月を心細いと感じるのは、珍しい。三日月ならば「細い」「心細い」のも納得できるのだが。この歌は、十六夜の月を詠んだというよりも、東山滞在中に詠んだ月の歌を、ここに嵌《は》め込んだのかもしれない。

なお、「訪《と》ひ来《く》る人《ひと》も無《な》し」を「人《ひと》も無《な》く」、「熟々《つらつら》と」を「つくづくと」とする本文もある。平仮名の「し」と「く」、「ら」と「く」は字体が酷似している。それゆえの本文の混乱なのだろうが、本書は「扶桑拾葉集」の本文で解釈している。

23 笛の音に、あの人を思う

何処《いづく》にかあらむ、微《かす》かに、笛《ふえ》の音《おと》の聞《き》こえ来《く》る。彼《か》の御辺《おんあた》りなりし音《ね》に迷《まよ》ひたる心地《ここち》するにも、きと、胸塞《むねふた》がる心地《ここち》するを、

待《ま》ち慣《な》れし故郷《ふるさと》をだに訪《と》はざりし人《ひと》は此処《ここ》まで思《おも》ひやは寄《よ》る

【訳】ある夜のことだった。どこかから、微《かす》かに、笛の音《ね》が聞こえてきた。その吹き方や音色は、あの人が笛を吹かれるのを身近で聞いた時の記憶と、聞き紛《まが》うほどによく似ていた。もしかしたら、あの人が、身重の私を心配して、それとなくお見舞いに来てくれたのだろうか。そう思った途端に、突然、動悸が激しくなり、心は苦しくなるのだった。

待ち慣《まな》れし故郷《ふるさと》をだに訪《と》はざりし人《ひと》は此処《ここ》まで思《おも》ひやは寄《よ》る

（かつて、北山のお屋敷で、あの人の訪れをあれほど待ち続けた時ですら、来てくれなかったあの人が、この東山までわざわざ足を運んでくれることはあるのだろうか。）

まず、来るはずはない、と思いつつも、あまりにも笛の音があの人のそれと似ているので、私はかすかな期待に駆られるのだった。

【評】遠くから聞こえてきた笛の音は、「あの人」が、ここまで訪ねてきてくれたのかと思い、作者の心は騒いだ。

『うたたね』の作者が恋人を光源氏に喩えるのは、「7」の［評］で解説したように、末摘花巻の十六夜の月の場面に由来する。その時も、光源氏と頭中将は、二人で同じ牛車に乗って、笛を吹きながら左大臣の屋敷に向かっている。「22」

の「十六夜の月」の磁場は、ここにまで及んでいる。

もう一つ、連想されるのは、『伊勢物語』第六十五段である。天皇の寵愛を受ける女が、臣下の男性と密通した。事は露顕して、女は蔵《くら》に押し込められ、男は遠い国に流された。けれども、男は、夜ごと夜ごと、女が押し込められている蔵の前まで訪れては、「笛《ふえ》を、いと面白《おもしろ》く吹《ふ》きて、声《こゑ》は、をかしうてぞ、哀《あは》れに歌《うた》ひける」。『うたたね』の作者は、東山に籠もっている。都から、「あの人」が来て笛を吹く。

『伊勢物語』第六十五段の女は、「海人《あま》の刈《か》る藻《も》に棲《す》む虫《むし》の我《われ》からと音《ね》をこそ泣《な》かめ世《よ》をば恨《うら》みじ」と歌った。「我《われ》から」と「割殻《われから》」（海藻の中に棲む虫）の掛詞である。『うたたね』の作者も、一連の苦悩が、不条理の悲劇などではなく、すべては「我から」（自分の責任）だと納得できたであろうか。

なお、「彼《か》の御辺《おんあた》りなりし音《ね》に迷《まよ》ひたる心地《ここち》する」の部分を、「紛《まが》ひたる心地《ここち》する」の誤写だとする説もある。ただし、「吹《ふ》き紛《まが》ふ」と「吹《ふ》き迷《まよ》ふ」、「散《ち》り紛《まが》ふ」と「散《ち》り迷《まよ》ふ」のように、「まがふ」と「まよふ」は、両方とも同じ意味で用いられる。実際、和歌に「聞《き》き迷《まよ》ふ」の用例は存在する。だから、「紛《まが》ひたる心《ここ》地《ち》する」の「誤写」だと考える必要はない。

24　北山の麓の屋敷に戻る

然《さ》ても、猶《なほ》、憂《う》きに堪《た》へたる命《いのち》の限《かぎ》り有《あ》りければ、漸《やうや》う、心地《ここち》も怠《おこた》り様《ざま》に成《な》りたるを、「斯《か》くてしもや」とて、又《また》、故郷《ふるさと》に立《た》ち帰《かへ》るにも、松《まつ》ならぬ梢《こずゑ》だに、漫《そぞ》ろに、恥《は》づかしく見回《みまは》されて、

消《き》え返《かへ》り又《また》は来《く》べしと思《おも》ひきや露《つゆ》の命《いのち》の庭《には》の浅茅生《あさぢふ》

［訳］　さて、私は出産の前後は、命を失うかと思うくらいの瀬戸際だったが、まだこの世で生きていかなければならない宿命があったようで、無事に出産は終わり、少しずつ快方に向かっていった。

そうなると、「いつまでも、この東山の粗末な家で暮らし続けてよいものだろうか」と

いう気持ちになり、私は還俗《げんぞく》して、もう一度、世の中に戻る決心をした。

私の住まいは、永く宮仕えしていた安嘉門院様の持明院殿のすぐ近くにある。そこに舞い戻るにつけても、出奔した経緯もあるので、私の心はむしょうに恥ずかしさで一杯になる。「如何《いか》で猶有《なほあ》りと知《し》らせじ高砂《たかさご》の松《まつ》の思《おも》はむ事《こと》も恥《は》づかし」（『古今和歌六帖』）という古歌がある。持明院殿には立派な松の木があるが、私の住まいにはない。けれども、松ではない、庭の木立を見るにつけても、恥ずかしさのあまり、私は久しぶりに見る自分の住まいですら正視できなかった。

消《き》え返《かへ》り又《また》は来《く》べしと思《おも》ひきや露《つゆ》の命《いのち》の庭《には》の浅茅生《あさぢふ》

（この住まいを逃れ出てから、私は何度も死の瀬戸際を体験した。本当に、出奔する以前の私とは、別人になっていると感じている。こうして、消えたも同然の命を永らえて、こうやって庭の草の上に置いた露を、涙と共に眺める日が来《こ》ようとは、思いもしなかった。それは、うれし涙なのか、悔し涙なのか。）

【評】「如何《いか》で猶有《なほあ》りと知《し》らせじ高砂《たかさご》の松《まつ》の思《おも》はむ事《こと》も恥《は》づかし」という古歌を踏まえる名場面が、『源氏物語』桐壺巻にある。

娘である桐壺の更衣に先立たれた母北の方は、長生きをした自分の命が恥ずかしいと、弔問客に吐露する。その場面に、「寿《いのちながさ》の、いと辛《つら》う思《おも》ひ給《たま》へ知《し》らるるに、松《まつ》の思《おも》はむ事《こと》だに、恥《は》づかしう思《おも》ひ給《たま》へ侍《はべ》れば」とある。母北の方は、存分に生きた自分の長寿を恥ずかしく思っている。『うたたね』の作者は、この歌を詠んだ時には、おそらく、まだ二十歳にも達していない。にもかかわらず、長生きをしたために大いなる不幸を体験しなければならなかった老女の嘆きと、同じ心境に達している。

まさに、「一炊の夢」である。『源氏物語』などの古典への沈潜と耽溺が、若い女性にも、老成した人生観と死生観をもたらしたのである。『源氏物語』は、人生経験の乏しい読者にも、人生観を深め、生きることの意味を深く考えさせる「教育装置」なのでもあった。

「消《き》え返《かへ》り又《また》は来《く》べしと思《おも》ひきや露《つゆ》の命《いのち》の庭《には》の浅茅生《あさぢふ》」の歌は、西行の「年長《とした》けて又越《またこ》ゆべしと思《おも》ひきや命《いのち》なりけり佐夜《さや》の中山《なかやま》」(『新古今和歌集』)を踏まえている。そのためかと思われるが、『うたたね』の諸本は、すべて「又《また》は来《く》べしと」であるにもかかわらず、意味を通すために「又生《またい》くべしと」と、本文を改訂する説がある。変体仮名の「ハ」と「い」は、字体が酷似している。

確かに、『うたたね』の作者の脳裏には、母北の方の悲しみの原因となった桐壺更衣の辞世、「限《かぎ》りとて別《わか》るる道《みち》の悲《かな》しきに生《い》かまほしきは命《いのち》なりけり」という歌が脳裏をよぎっていたであろう。だが、『うたたね』の本文を「生《い》くべし」と改訂する必要はない、と私は思う。和歌の用例に、「生くべし」がほとんど見当たらないからである。

25 悲しみは尽きない

嘆《なげ》きながら、儚《はかな》く過《す》ぎて、秋《あき》にも成《な》りぬ。長《なが》き思《おも》ひの夜《よ》もすがら、止《や》むとも無《な》き砧《きぬた》の音《おと》、閨近《ねやちか》き蟋蟀《きりぎりす》の声《こゑ》の乱《みだ》れも、一方《ひとかた》ならぬ寝覚《ねざめ》の催《もよほ》しなれば、「壁《かべ》に背《そむ》ける燈火《ともしび》の影《かげ》」許《ばか》りを友《とも》として、明《あ》くるを待《ま》つも、静心無《しづごころな》く、尽《つ》きせぬ涙《なみだ》の滴《しづく》は、「窓打《まどう》つ雨《あめ》」よりも、なり。

【訳】短い間に、私の身には、大きな出来事が次から次に起きた。毎日が、嘆きの連続だった。でも、時は過ぎてゆき、あっという間に秋になった。

秋の夜は長い。「八月《はちぐわつ》九月《くぐわつ》、正《まさ》に長《なが》き夜《よ》」（『白氏文集《はくしもんじゅう》』）という漢詩がある通りである。この詩句の直前は、「誰《た》が家《いへ》の思婦《しふ》ぞ秋《あき》に帛《きぬ》を擣《う》つ、月苦《つきさ》え風凄《かぜすさ》まじくして砧杵悲《ちんしよかな》し」である。私の耳にも、長い夜を徹して、砧《きぬた》を打つ音が聞こえてくる。『白氏文集』の砧には、出征した夫を思う妻の嘆きが込められている。私の心も、あの人を思い続けている。

『源氏物語』の夕顔巻には、夕顔が死去したあとで、光る君が「正《まさ》に長《なが》き夜《よ》」と口遊《くちずさ》む場面がある。また、生前に光る君と夕顔が共寝している場面には、「白栲《しろたへ》の衣《ころも》擣《う》つ砧《きぬた》の音《おと》も、微《かす》かに、此方彼方《こなたかなた》、聞《き》き渡《わた》され、空飛《そらと》ぶ雁《かり》の声《こゑ》、取《と》り集《あつ》めて忍《しの》び難《がた》き事多《ことおほ》かり」とある。だが、私の耳には、空を飛ぶ雁《かり》が音《ね》ではなく、部屋近くの地上の庭で鳴いている蟋蟀《きりぎりす》の声のほうが乱れているように聞こえる。私の心の乱れを反映しているかのように。

砧の声も、蟋蟀の声も、私の心を乱すので、私は眠りに就《つ》くことができない。「耿耿《かうかう》たる残《のこ》んの燈《ともしび》の壁《かべ》に背《そむ》けたる影《かげ》、蕭蕭《せうせう》たる暗《くら》き雨《あめ》の窓《まど》を打《う》つ声《こゑ》」（『白氏文集』）という漢詩そのままに、燈火《ともしび》を点《つ》けて、それを夜更《よふ》かしの唯一の友として、夜が明けるのを待つことにした。

ところで、この漢詩句は、「白髪上陽人」の一節である。玄宗皇帝から忘れられた女の悲哀を、切々と歌い上げている。私も、あの人から忘れられた女である。そのことは、この『うたたね』を書き始めた頃と、まったく変わっていない。そう思うと、心に波風が立ち騒ぎ、涙が尽きることなく流れ落ちる。その涙は、先ほど記した漢詩句の一節を、何度も心の中に呼び起こすのだった。

蕭蕭《せうせう》たる暗《くら》き雨《あめ》の窓《まど》を打《う》つ声《こゑ》

【評】この節は、和歌ではなく、著名な漢詩の引用で閉じられる。そして、この章も、閉じられる。

「白髪上陽人」は、『源氏物語』でも、帚木巻・賢木巻・幻巻・竹河《たけかわ》巻などで、繰り返し引用されている。楊貴妃に抑圧された後宮の女性の悲劇がテーマである。

『うたたね』の作者の恋人には、亡くなったとはいえ「梅北の方」という正妻がいた。さらに先取りすれば、後年、藤原為家の「後妻＝側室」となった阿仏尼は、「前妻＝正室」の生んだ子どもたちと、壮烈な遺産争いを繰り広げている。それが、彼女に『十六夜日記』を書かせた。抑圧される側の「白髪上陽人」の恨みは、『うたたね』の作者の心にも強く、そして深く巣食っていたと考えられる。

Ⅲ　東下りと帰京……ある旅の記録

26　海道下《かいどうくだ》りを思い立つ

いと迫《せ》めて、侘《わ》び果《は》つる慰《なぐさ》みに、「誘《さそ》ふ水《みづ》だに有《あ》らば」と、朝夕《あさゆふ》の言種《ことぐさ》に成《な》りぬるを、其《そ》の頃《ころ》、後《のち》の親《おや》とか、頼《たの》むべき理《ことわり》も浅《あさ》からぬ人《ひと》しも、遠江《とほつあふみ》とかや、聞《き》くも遥《はる》けき道《みち》を分《わ》けて、「都《みやこ》の物詣《ものまう》でせむ」とて、上《のぼ》り来《き》たるに、何《なに》と無《な》く、濃《こま》やかなる物語《ものがたり》などする序《つい》でに、「斯《か》くて、熟々《つくづく》と御座《おは》せむよりは、田舎《ゐなか》の住《す》まひも見《み》つつ、慰《なぐさ》み給《たま》へかし。彼処《かしこ》も、物騒《ものさわ》がしくもあらず。澄《す》まさむ人《ひと》は見《み》ぬべき様《さま》なる」など、等閑無《なほざりな》く誘《いざな》へど、さすが、直路《ひたみち》に振《ふ》り離《はな》れなむ都《みやこ》の名残《なごり》も、何処《いづく》を偲《しの》ぶ心《こころ》にか、心細《こころぼそ》く、思《おも》ひ煩《わづら》はるれど、「あらぬ住《す》まひに、身《み》を変《か》へたると思《おも》ひ成《な》して」とだに、「憂《う》きを忘《わす》るる便《たよ》りもや」と、文無《あやな》く思《おも》ひ立《た》ちぬ。

下《くだ》るべき日《ひ》にも成《な》りぬ。「夜深《よぶか》く、都《みやこ》を出《い》でなむ」とするに、頃《ころ》は、神無月《かみなづき》の二十日余《はつかあま》りなれば、有明《ありあけ》の光《ひかり》も、いと心細《こころぼそ》く、風《かぜ》の音《おと》も凄《すさ》まじく、身《み》に沁《し》み徹《とほ》る心地《ここち》するに、人《ひと》は皆《みな》、起《お》き騒《さわ》げど、人知《ひとし》れず、心許《こころばか》りには、「然《さ》ても、如何《いか》に流離《さすら》ふる身《み》の行方《ゆくへ》にか」と、唯今《ただいま》に成《な》りては、心細《こころぼそ》き事《こと》のみ多《おほ》かれど、然《さ》りとて、留《とど》まるべきにもあらねば、出《い》でぬる道《みち》すがら、先《ま》づ掻《か》き暗《くら》す涙《なみだ》のみ先《さき》に立《た》ちて、心細《こころぼそ》く、悲《かな》しき事《こと》ぞ、何《なに》に喩《たと》ふべしとも覚《おぼ》えぬ。

程無《ほどな》く、逢坂山《あふさかやま》にも成《な》りぬ。音《おと》に聞《き》きし関《せき》の清水《しみづ》も、「絶《た》えぬ涙《なみだ》」とのみ思《おも》ひ成《な》されて、

越《こ》え侘《わ》ぶる逢坂山《あふさかやま》の山水《やまみづ》は別《わか》れに堪《た》へぬ涙《なみだ》とぞ見《み》る

［訳］ 北山の麓の住まいに戻ってきた私の心は、またしても生きる意欲を失い、不如意《ふにょい》と不条理の壁に突き当たった。以前は、それからの解放を目指して出奔し、西山の尼寺へと走った。今もまた、新たなる脱出を願い始めたが、さすがに、しかるべき理由が必要である。「さすらい」ではなく、明確な目的地のある旅行でなければならない。

小野小町の名歌に、「侘《わ》びぬれば身《み》を浮草《うきくさ》の根《ね》を絶《た》えて誘《さそ》ふ水《みづ》あらば去《い》なむとぞ思《おも》ふ」（『古今和歌集』）がある。文屋康秀《ふんやのやすひで》が三河《みかわ》の国に赴任するに際して、小町に同行を求めてきたのに対する答えである。私も、朝な夕なに、この歌を思い出しては、「誰かが誘ってくれるのなら、私も都を離れられるだろう。三河の国へでも、さらにその先の国へでも、どんな田舎《いなか》でも良いから行ってみたい」と、そればかりを口癖にしていたのだった。

ちょうどその頃、私の父親、と言っても実の父親ではなくて、二番目の父、養父なのだが、私が経済的にも精神的にも頼りにする必然性がある親戚の男性がいた。平度繁《たいらののりしげ》という名前である。その養父は、遠江《とおとうみ》の国（静岡県西部）とか言う、聞いただけでも都から遠いことがわかる国に住んでいた。小町が誘われた三河の国のさらに東である。その天離《あまざか》る鄙《ひな》から、養父は、「久しぶりに、都の神社仏閣に参拝して、来世での極楽往生を祈りたい」という口実で、はるばる上京してきた。もしかしたら、私のことが心配で、会いに来てくれたのかもしれない。

私は、養父には包み隠さず、これまで私の体験してきた出来事を語った。すると、養父は、たぶん、この提案をするために上京してきたのだろうが、「このような状態で、つくねんと都でお過ごしになるよりは、いっそのこと、田舎暮らしとはどういうものかを見物がてら、遠江にお下りになって、あなたの苦しい心を癒されてはいかがですか。私が今暮らしている遠江の国は、面倒なことはいっさい存在しません。閑《しず》かな土地柄《とちがら》ですから、心を澄ましたい人は、ぜひともそこで暮らしてみるべきだと思いますよ」などと、本心から私のことを心配して、下向を勧めてくれた。

その誘いには、小町ならずとも心を引かれるだろうが、都でのすべてを思い切って捨て去り、下ってゆこうとする私の後ろ髪を、強く引っ張るものがあった。何が、私の心残りかと言えば、「あの人」である、そして、あの人との間に生まれた子どもの存在である。それらの絆《ほだし》を断ち切ってしまうのは不安であるし、何かと迷いが生じてしまう。

けれども、私は、決心した。「かつて北山の麓にある持明院殿から、西山の尼寺に移って生活環境を一変させたように、都から地方へ移って、生きる姿勢を一新させたい」と考えるようになった。「住む場所を変えるだけでも、私の人生で積もりに積もった辛《つら》さを忘却するきっかけになるだろう」と、自分でも頭の中がすっきり整理されていないのだが、旅に出ることにしたのだった。

そうこうするうちに、都を離れる日になった。「人目に付かないように、旅立ちは、まだ夜が明けきらずに、暗いうちにしよう」と思ったのだが、折しも、冬に入った神無月《かみなづき》

(旧暦十月)だった。二十日《はつか》過ぎなので、空には、か細い有明《ありあけ》の月が弱い光を放っている。風の音も物寂しく、身に沁《し》み渡るようで、思わず身震いしてしまった。

旅に同行する人たちは、もっと早くから起きて、大騒ぎをしながら準備に取りかかっている。彼らには何の屈託もなさそうであるが、私一人は、心の中で、「私は、同じ場所に定住し続けることができない宿命なのだろうか」と、旅立つ間際《まぎわ》になってまで、強い不安に駆られていた。けれども、だからといって、今になって都に留《とど》まることもできない。何物かに押し出されるようにして、屋敷を出た。すると、いきなり涙がこぼれてきて、ただでさえ暗い空が、涙で曇り、何も見えなくなった。この時、私が感じていた不安や悲哀は、生まれて初めて体験した大きさだったので、何にも喩えられない。

牛車の外の景色を眺める心の余裕もない私だったが、早くも逢坂山《おうさかやま》が近づいてきた。ここは、山城《やましろ》の国と近江《おうみ》の国境である。

この逢坂の関を越えたら、もう「あづま」である。私が目指すのは鎌倉でも武蔵の国でも陸奥《みちのく》でもないが、私にとっては「東下り」の旅がこれから始まるのだ。都の生活、都の青春が、遠ざかってしまう。

噂では聞いていた「関《せき》の清水《しみず》」も、通り過ぎた。勢いよく清水が溢れ出している。それが、「絶えぬ涙」かと思われた。『源氏物語』に登場する空蟬《うつせみ》も、関屋巻で、逢坂の関で光源氏とすれ違った。そして、「行《ゆ》くと来《く》と堰《せ》き止《と》め難《がた》き涙《なみだ》をや絶《た》えぬ清水《しみづ》と人《ひと》は見《み》るらむ」と詠んでいる。そんな空蟬の心を思い出しながら、私の気持ちを歌に詠んだ。これが、旅の最初の歌となった。「絶《た》えぬ涙」を「堪《た》へぬ涙」へと変容させたのが、私の工夫である。

越《こ》え侘《わ》ぶる逢坂山《あふさかやま》の山水《やまみづ》は別《わか》れに堪《た》へぬ涙《なみだ》とぞ見《み》る

（ここ逢坂山の関の清水では、旅人は足を止めて、休憩を取って心身をさっぱりさせる。私は、心が都に引かれているので、この坂を越えることに心理的な抵抗がある。滾々《こんこん》と絶えず溢れ続ける清水は、絶えぬ嘆きのため、堪《こら》えきれずに零《こぼ》れ出る私の涙のようだ。）

【評】 ここから、『うたたね』の第三部に入る。旅の記録である。「其《そ》の頃《ころ》」という言葉で、新しい空間（遠江の国）と新しい人物（平度繁）とが呼び込まれてくる。

『更級日記』では、作品の冒頭に、東海道を上京する旅が描かれていた。それに対して、『うたたね』では、作品の後半に東海道を下る旅が描かれる。『更級日記』の旅は、十三歳の少女が憧れの物語を求める旅であり、そこから菅原孝標女の人生が本格的に開始した。『うたたね』の旅は、心の痛みを癒す旅であり、青春の終わりが語られる。

なお、以下の記述には、行間も含めて、「懐妊と出産」によって誕生したはずの「あの人との子ども」の存在感は、希薄である。生後まもなくの幼児を連れての旅は考えがたく、誰かに預けて都に残したのだろう。

さて、養父に当たる平度繁《たいらののりしげ》から、遠江の国で心の傷を癒すことを勧められた『うたたね』の作者は、悩みつつも同意する。なお、平度繁は「養父」ではなくて「実父」ではないか、とする説もある。度繁は、遠江の国司だったと考えるのが自然だが、国司ではなかったとする説もある。

作者のためらう心境は、「直路《ひたみち》に振《ふ》り離《はな》れなむ都《みやこ》の名残《なごり》も、何処《いづく》を偲《しの》ぶ心《こころ》にか、心細《こころぼそ》く、思《おも》ひ煩《わづら》はるれど」と語られている。これは、『源氏物語』賢木《さかき》巻で、伊勢に下る六条御息所の心境と酷似する。「今《いま》はとて、振《ふ》り離《はな》れ下《くだ》り給《たま》ひなむは、いと心細《こころぼそ》かりぬべく」、「直路《ひたみち》に出《い》で立《た》ち給《たま》ふ」などと、賢木巻にはある。

『うたたね』の作者は、自分の旅立ち直前の不安を語ろうとする時に、なぜか『源氏物語』の女君たちの感じていた心境で代弁させるのである。『源氏物語』を利用しようというのではなく、『源氏物語』のヒロインたちに感情移入しつつ、一体化して読書した体験があるからこそ、『源氏物語』の様式で自分の人生を表現してしまうのである。『更級日記』の作者と、同じタイプの女性文学者なのだろう。

作者は、「神無月《かみなづき》の二十日余《はつかあま》り」に、「有明《ありあけ》の光《ひかり》」に照らされつつ、都を後にした。季節は違うけれども、「弥生《やよひ》二十日余《はつかあま》りの程《ほど》」に、「有明《ありあけ》の月《つき》、いとをかし」という状況で、光源氏は須磨へと旅立っている。作者は、ここでは、光源氏の心境と一体化している。光源氏は、藤壺との愛が閉塞し、朧月夜《おぼろづきよ》との秘密の情事が露顕し、都での居場所を無くしたのだった。ちなみに、『伊勢物語』の在原業平も、二条の后（藤原高子《たかいこ》）との愛に挫折して、東下りの旅に出た。『うたたね』が、「あの人」との恋愛の終わりを詳しく描いてきたのも、旅に出る動機にリアリティをもたらすためでもあっただろう。

なお、養父が作者に、遠江の国は静かな所で、「澄《す》まさむ人《ひと》は見《み》ぬべき様《さま》」だから暫く住んでみませんか、と誘う場面で、「心澄《こころす》まさむ人《ひと》、澄《す》みぬべき様《さま》」とあり、意味が通りやすくなっているのが「群書類従」の本文である。

27　近江の野路《のじ》で雨に降られる

近江《あふみ》の国《くに》・野路《のぢ》と言《い》ふ所《ところ》より、雨《あめ》、掻《か》き暗《くら》し降《ふ》り出《い》でて、都《みやこ》の山《やま》を顧《かへり》みれば、霞《かすみ》に、其《そ》れとだに見《み》えず。隔《へだ》たり行《ゆ》くも、漫《そぞ》ろに心細《こころぼそ》く、「何《なに》とて、思《おも》ひ立《た》ちけむ」と、悔《くや》しき事《こと》、数《かず》知《し》らず。とても、かくても、音《ね》のみ、泣《な》き勝《が》ちなり。

　住《す》み侘《わ》びて立《た》ち《裁ち》別《わか》れぬる故郷《ふるさと》も着《き》て《来て》は悔《くや》しき旅衣《たびごろも》かな

［訳］　逢坂山を越え、近江の国に入った。琵琶湖に架かる瀬田《せた》の唐橋《からはし》も渡った。まもなく、野路《のじ》という所に差しかかる。そのあたりから、冷たい冬の時雨《しぐれ》が降り始めた。昼間でも、空が暗く感じられるほどだった。私が過ぎてきた都の方向を振り返ると、降りしきる雨のために霞んで、山の形すら見えない。

　それだけでも、自分が都から遠ざかったことが実感され、距離感と隔絶感に苦しめられる。私はどこから来て、どこへ行くのか。むしょうに心細くて、「ああ、都に留《とど》まっていればよかった。どうして、旅に出る決心なんてしたのだろう」と、旅に出たことを、何度も後悔した。逢坂山を越えた時にも涙がこぼれたが、ここでも涙だった。私は、ずっと泣きっぱなしである。

住《す》み侘《わ》びて立《た》ち《裁ち》別《わか》れぬる故郷《ふるさと》も着《き》て《来て》は悔《くや》しき旅衣《たびごろも》かな

（私は、都での生活に疲弊して、八方塞がりになり、どうしようもなくなって、都を離れることにした。けれども、裁縫して旅の装束を新調し、その旅衣《たびごろも》を着て旅立ってみると、その途端に旅に出たことが悔やまれるのだった。）

［評］　逢坂の関よりも東側が「東《あずま》」である。作者は、早くも、その関を通り越した。もう、ここは都ではない。

「都《みやこ》の山《やま》を顧《かへり》みれば、霞《かすみ》に、其《そ》れとだに見《み》えず」とある。『源氏物語』須磨巻にも、光源氏が都の方角を、「打《う》ち返《かへ》り見給《みたま》へるに、来《こ》し方《かた》の山《やま》は霞遥《かすみはる》かにて」とあった。「東下り」ではなく、光源氏は「西下《さいか》」したが、『源氏物語』で確立した旅を語る表現様式は、『うたたね』の東への旅にも援用された。それが、『伊勢物語』の強固な「東下り」の様式と一体化して、ここに、最強の旅の文学が生まれた。

28 美濃・尾張の境にある墨俣《すのまた》の渡り

道《みち》の程《ほど》、目留《めと》まる所々《ところどころ》多《おほ》かれど、「此処《ここ》は何処《いづく》」「此処《ここ》は何処《いづく》」とも、気近《けぢか》く問《と》ふべき人《ひと》も無《な》ければ、何処《いづく》の野《の》も山《やま》も、遥々《はるばる》と行《ゆ》くを、泊《と》まりも知《し》らず、人《ひと》の行《ゆ》くに任《まか》せて、夢《ゆめ》路《ぢ》を辿《たど》る様《やう》にて、日数《ひかず》経《ふ》るままに、さすが、慣《な》らはぬ鄙《ひな》の長路《ながち》に、衰《おとろ》へ果《は》つる身《み》も、我《われ》かの心地《ここち》のみして、美濃《みの》・尾張《をはり》の境《さかひ》にも成《な》りぬ。

墨俣《すのまた》とかや、広々《ひろびろ》と、夥《おびただ》しき川《かは》有《あ》り。行《ゆ》き来《き》の人《ひと》、集《あつ》まりて、舟《ふね》を休《やす》めず、差《さ》し返《かへ》る程《ほど》、いとど心狭《こころせ》う、囂《かしがま》しく、恐《おそ》ろしきまで、罵《ののし》り合《あ》ひたり。

辛《から》くして、然《さ》るべき人《ひと》、皆《みな》、渡《わた》り果《は》てぬれど、人々《ひとびと》も、「輿《こし》や馬《むま》」と待《ま》ち出《い》づる程《ほど》、川《かは》の端《はた》に下《お》り居《ゐ》て、熟々《つくづく》と来《こ》し方《かた》を見《み》れば、あさまし気《げ》なる賤《しづ》の男《を》ども、難《むつか》し気《げ》なる物《もの》どもを、舟《ふね》に取《と》り入《い》れなどする程《ほど》、何事《なにごと》にか、忌々《ゆゆ》しく争《あらそ》ひて、或《ある》いは、水《みづ》に倒《たふ》れ入《い》りなどするにも、見慣《みな》れず、物恐《ものおそ》ろしきに、「斯《か》かる渡《わた》りをさへ隔《へだ》て果《は》てぬれば、いとど都《みやこ》の方《かた》遥《はる》かにこそは成《な》り行《ゆ》くらむ」と思《おも》ふには、いとど涙《なみだ》落《お》ち増《ま》さりて、忍《しの》び難《がた》く、帰《かへ》らむ程《ほど》をだに知《し》らぬ心許無《こころもとな》さに、過《す》ぎつる日数《ひかず》の程無《ほどな》さに、留《と》まる人々《ひとびと》の行末《ゆくすゑ》を覚束無《おぼつかな》く、恋《こひ》しき事《こと》も様々《さまざま》なれど、隅田川原《すみだがはら》ならねば、言問《こと と》ふべき都鳥《みやこどり》も見《み》えず。

思《おも》ひ出《い》でて名《な》をのみ慕《した》ふ都鳥跡無《みやこどりあとな》き波《なみ》に音《ね》をや泣《な》かまし

[訳] 近江の国を越えると、美濃《みの》の国に入る。道中には、思わず目が留《と》まる名所や歌枕がたくさんあるのだが、輿に同車している女性も、東海道を旅した経験は皆無なので、「ここは、何という地名ですか」、「ここは、何の名所ですか」などと気易《きやす》く尋ねられない。だから、今自分が、どこの野原を過ぎているのか、どこの山を越えているのかもわからないまま、旅を続けている。まるで、長い夢を見ているかのようだった。どこに泊《と》まるかさえもわからず、男の人たちが手配するのに任せきりである。

都を旅立ってから、一日一日と日が経《た》つにつれ、さすがに、慣れない長旅の疲れが溜まってきたためか、体調を崩してしまった。気力も体力も失《う》せ果ててしまい、まるで病にかかって重態に陥ったかのように、自分と他人の区別も付かないほど、茫然自失《ぼうぜんじしつ》していた。

そのような最悪の状態で、美濃と尾張《おわり》の国境《くにざかい》まで来た。「美濃《みの》・尾張《おわり》」は「身の終《み お》わり」

である、などという洒落《しゃれ》を言っても始まらないが、確かに、これまで生きてきた自分が死んで、新しい自分に生まれ変わりつつあるような気がする。

国境には、川幅が広く、水量も豊富な大河が横たわっていた。墨俣川《すのまたがわ》（洲俣川）と言うらしい。川向こうから都へと向かう人がいれば、都側から東側へと向かう人もいて、渡し場は大混雑していた。渡し舟も、着いたらすぐに大勢の人を乗せて対岸に漕ぎ返すので、たいそう心慌《こころあわ》ただしく、落ち着かない。また、人が話す声が重なり合って反響しているので、やかましいほどに大きく聞こえる。見ていて恐怖を感じるほどに庶民たちは忙《せわ》しなく動き回っている。

やっとのことで、私たち一行の主《おも》だった者たちは、対岸に渡り終えた。ただし、「輿《こし》がまだ着かない」とか「馬も、まだ渡っていない」などと言いながら、それらの到着を待つ間《あいだ》、私は川岸に下りて、腰を下《お》ろし、先ほど渡ってきた向こう岸を暫《しば》し眺めていた。

すると、身分の低い、身なりの賤《あや》しい男たちが、いかにもむさくるしい荷物などを、舟に運び乗せているうちに、何が原因なのかはわからないが、大変な剣幕で言い争いを始め、喧嘩にまで発展した。しまいには、舟から投げ出されて、水の中に大きな音を立てて落ち込む者までいたのには、びっくりした。ここまでの暴力沙汰を、都では目にすることもなかったので、私は恐怖心で一杯になった。

「この国境は、まさに都の雅《みや》びの文化が尽きる、さいはての地なのだろう。こんなにひどい渡し場を過ぎて、さらに私は東へと向かわなくてはならない。都から遠ざかれば遠ざかるほど、雅びやかな世界は消滅してゆく。私がそこで暫く暮らすことになるという遠《と》江《とうみ》は、どのような所なのだろうか」と思うと、さらに涙が落ち続けて、悲しみを堪《こら》えようがない。

私は、まだ目指す遠江の国にも着いていないのだが、いつまで滞在するのか、いつ都に戻れるのか、何も決まっていない。都を旅立ってから、まだ数日しか経《た》っていないのに、早くも里心《さとごころ》が付いてしまったようだ。私が都に残してきた人々――あの人や、子どもや乳母《めのと》たち――がこれからどうなるかも心配であり、すぐにでも会いたいほど恋しい。けれども、ここは墨俣川。『伊勢物語』第九段の隅田川《すみだがわ》ではないので、都のことを尋ねる都鳥も見当たらない。「名《な》にし負《お》はばいざ言問《ことと》はむ都鳥《みやこどり》我《わ》が思《おも》ふ人《ひと》は有《あ》りや無《な》しやと」という、在原業平《ありわらのなりひら》の古歌を思い浮かべながら、詠んだ歌。


思《おも》ひ出《い》でて名《な》をのみ慕《した》ふ都鳥跡《みやこどりあと》無《な》き波《なみ》に音《ね》をや泣《な》かまし

（業平が詠んだ都鳥の歌を思い起こし、私も都のことを尋ねたくて、川べりであちらこちらを見渡したけれども、この墨俣川に都鳥は泳いでいない。『古今和歌集』には、「白波《しらなみ》の跡無《あとな》き方《かた》に行《ゆ》く舟《ふね》も風《かぜ》ぞ便《たよ》りの標《しるべ》なりける」という歌がある。舟が通り過ぎた跡《あと》には、波も残っていない。わたしの場合には、都鳥を捜しても、跡形《あとかた》もない。誰にも恋しい都のことを尋ねられないので、悲しくて涙が止まらないことだ。）

【評】「輿《こし》や馬《むま》」とあるので、作者は輿や馬に乗って旅をしているのであろう。

ここでは、「美濃《みの》・尾張《をはり》の境《さかひ》」の墨俣川《すのまたがわ》（洲俣川）での印象が語られている。大きな山や川が「国境」となっていることが多く、旅人はその国境で和歌を詠む。『伊勢物語』第七段では、「伊勢《いせ》・尾張《をはり》の間《あはひ》の海面《うみづら》」で、業平は「いとどしく過《す》ぎ行《ゆ》く方《かた》の恋《こひ》しきに羨《うらや》ましくも返《かへ》る波《なみ》かな」という、哀切な旅情を歌っている。

旅の苦しさを、『うたたね』は「さすが、慣《な》らはぬ鄙《ひな》の長路《ながち》に、衰《おとろ》へ果《は》つる身《み》」と述べているが、ここは『古今和歌集』で小野篁《おののたかむら》が隠岐《おき》の国に流された時に詠んだ、「思《おも》ひきや鄙《ひな》の別《わか》れに衰《おとろ》へて海人《あま》の縄《なは》縮《た》き漁《いさ》りせむとは」を踏まえているのだろう。「縮《た》く」は、手繰《たぐ》り上げるの意。この篁の歌は、『源氏物語』

では、光源氏の須磨流離を語る場面と、玉鬘《たまかずら》の筑紫《つくし》（九州）流離を語る場面で、引用されている。それらを、作者は意識している。

『源氏物語』の重力、あるいは『源氏物語』の磁場は、『うたたね』作者の言語感覚に深く染みこんでいる。「墨俣《すのまた》」の渡し場で、暴力沙汰が起きた。この場面には、「あさまし気《げ》なる賤《しづ》の男《を》ども」、「或《ある》いは、水《みづ》に倒《たふ》れ入《い》りなどする」という表現が見られる。

『源氏物語』明石巻には、「先《ま》づ、追《お》ひ払《はら》ひつべき賤《しづ》の男《を》」とある。また、光源氏が明石の君を残して帰京することに動揺した明石入道が、「弟子《でし》どもに淡《あは》められて、月夜《つきよ》に出《い》でて行道《ぎやうだう》するものは、遣水《やりみづ》に倒《たふ》れ入《い》りにけり」とある箇所のボキャブラリーを、『うたたね』は用いている。墨俣での乱闘や暴力は、阿仏が『十六夜日記』で書いている、天龍川の渡し場で、西行が舟に乗り合わせた武士から鞭《むち》打たれたエピソードを連想させる。けれども、ボキャブラリーは、『源氏物語』に由来している点に、『うたたね』作者の本領がある。

むろん、「東下り」と言えば、『伊勢物語』の影響も巨大で、この節でも「都鳥」が話題になっている。

なお、『うたたね』のこの節では、本文に異同が多い。「いとど心狭《こころせ》う」は「いと所狭《ところせ》う」のほうが自然な日本語であるし、「遥《はる》かにこそは成《な》り行《ゆ》くらむ」は「成り行くらめ」とあるほうが係り結びの原則に合致する。ただし、本書では、「扶桑拾葉集」の本文で通している。

29 尾張の鳴海《なるみ》

此《こ》の国《くに》に成《な》りては、大《おほ》きなる川《かは》、いと多《おほ》し。鳴海《なるみ》の浦《うら》の潮干潟《しほひかた》、音《おと》に聞《き》けるよりも面《おも》白《しろ》く、浜千鳥《はまちどり》群々《むらむら》に飛《と》び渡《わた》りて、海人《あま》の仕業《しわざ》に、年経《としふ》りにける塩竈《しほがま》どもの、思《おも》ひ思《おも》ひに歪《ゆが》み立《た》てたる姿《すがた》ども、見慣《みな》れず、珍《めづら》しき心地《ここち》するにも、「思《おも》ふ事無《ことな》くて、都《みやこ》の友《とも》にも打《う》ち具《ぐ》したる身《み》ならましかば」と、人知《ひとし》れぬ心《こころ》の中《うち》のみ、様々苦《さまざまくる》しくて、

此《これ》や然《さ》は如何《いか》に鳴海《なるみ》《成る》の浦《うら》なれば思《おも》ふ方《かた》《潟》には遠離《とほざか》るらむ

［訳］　墨俣川を渡って尾張の国に入ると、大きな川がいくつも流れていたのが印象的だった。木曾川《きそがわ》、長良川《ながらがわ》、そして揖斐川《いびがわ》などである。

また、熱田《あつた》神宮近くの鳴海《なるみ》の浦の情景も忘れがたい。ここは「鳴海潟《なるみがた》」とも言うように、遠浅《とおあさ》になっている。海水が干潮になって干潟《ひがた》が現れた時を見計らって、旅人は急いで通り過ぎる。和歌でもよく詠まれる歌枕である。

歌枕は、話に聞いているうちは、いかにも風情《ふぜい》がありそうに思われるけれども、実際に自分の目で見たら、それほどの美景ではないことが多い。けれども、この鳴海の浦には、聞きしに増さる趣深い情景が広がっていた。

隅田川に都鳥がなくてはならないように、鳴海の浦の名物は浜千鳥《はまちどり》である。その浜千鳥が、いくつも群《むれ》をなして飛び交《か》っている。漁師たちが、海水を煮立《にた》てて塩を作るために作った竃《かま》――塩竃《しおがま》――が、いくつも立ち並んでいる。だいぶ昔に作ったのだろう、古びていて、形が崩れて歪《ゆが》んでいる。一つ一つの塩竃には、独自の雰囲気があって、永く見ていても飽きない。

私は、こういう景色を見るにつけ、「都の生活で傷ついて旅に出た、という立場でなくて、こういう風情のある景色を眺められるのであれば、どんなに良かっただろう。それに、自分一人だけでなく、都で親しかった人たちと一緒に、この景色を眺めたかった」と思うと、私の心の中には、せっかくの美しい景色を見ても、さまざまな悩みが湧き上がってしまうのだった。

此《これ》や然《さ》は如何《いか》に鳴海《なるみ》《成る》の浦《うら》なれば思《おも》ふ方《かた》《潟》には遠離《とほざか》るらむ

（なるほど、これが噂に聞いていた鳴海の浦なのか。私や、私が都に残してきた人たちは、これからどう成《な》ってゆくのか、それを考える場所なのだな。私は目の前の干潟を東へ向かって急いで進む。心は都から離れたくないのに、運命は、どうして恋しく思う都から私を急速に遠ざけてしまうのだろうか。）

［評］　作者の歌には、「思《おも》ふ方《かた》には」とある。けれども、和歌では、「思《おも》はぬ方《かた》」のほうが、用例は多い。『うたたね』にも「塩竈」の描写があるが、『伊勢物語』第百十二段の、「須磨《すま》の海人《あま》の塩焼《しほや》く煙風《けぶりかぜ》を甚《いた》み思《おも》はぬ方《かた》に棚引《たなび》きにけり」はよく知られている。この歌では、「思《おも》はぬ方《かた》」である。

『源氏物語』須磨巻には、「恋《こ》ひ侘《わ》びて泣《な》く音《ね》に紛《まが》ふ浦波《うらなみ》は思《おも》ふ方《かた》より風《かぜ》や吹《ふ》くらむ」という、「思ふ方」の用例がある。

『うたたね』の作者の歌は、初句を変えて、『続古今《しょくこきん》和歌集』に入っている。『続古今和歌集』は、阿仏尼の夫である藤原為家が撰者の一人を務めたが、他の撰者たちとの対立が激しかったとされる勅撰和歌集である。

　思《おも》ふ事《こと》侍《はべ》りける頃《ころ》、父平度繁朝臣《ちちたひらののりしげあそん》遠江《とほたふみ》の国《くに》に罷《まか》れりけるに、心《こころ》ならず伴《ともな》ひて、鳴海《なるみ》の浦《うら》を過《す》ぐとて、詠《よ》み侍《はべ》りける　安嘉門院右衛門佐

然《さ》ても我《われ》如何《いか》に鳴海《なるみ》《成る》の浦《うら》なれば思《おも》ふ方《かた》《潟》には遠離《とほざか》るらむ

　この詞書では、平度繁は「父」とされている。ただし、「後《のち》の父」（養父）とも、「実の父親」とも取れる書き方である。作者は「安嘉門院右衛門佐《えもんのすけ》」とあるが、彼女は、「安嘉門院越前」、「安嘉門院右衛門佐」、「安嘉門院四条」という順序で、呼び名が変わったらしい。

「心《こころ》ならず伴《ともな》ひて」とある点に、この旅についての作者自身の気持ちが、決して前向きでないことが窺われる。

30　三河の八橋《やつはし》

三河《みかは》の国八橋《くにやつはし》と言《い》ふ所《ところ》を見《み》れば、此《これ》も、昔《むかし》にはあらず成《な》りぬるにや、橋《はし》も、唯一《ただひと》つぞ見《み》ゆる。「杜若多《かきつばたおほ》かる所《ところ》」と聞《き》きしかども、辺《あた》りの草《くさ》も、皆《みな》枯《か》れたる頃《ころ》なればにや、「其《そ》れか」と見《み》ゆる草木《くさき》も無《な》し。業平《なりひら》の朝臣《あそん》の、「遥々来《はるばるき》ぬ」と嘆《なげ》きけむ、思《おも》ひ出《い》でらるれど、「妻《つま》し有《あ》れば」にや。「然《さ》れば、然《さ》らむ」と、少《すこ》しをかしく成《な》りぬ。

[訳]　三河《みかわ》の国に入った。八橋《やつはし》という名所に差しかかった。王朝の和歌で詠まれた歌枕の光景は、時の流れと共に変化してしまうことがある。この八橋も、そうなのだろうか。『伊勢物語』第九段の東下りでは、ここには橋が八つ、蜘蛛手《くもで》に渡してある、と書かれている。だが、今は、たった一つしか架かっていない。

在原業平は、この八橋で美しい杜若《かきつばた》の花を見て、「かきつはた」という五文字を各句の頭に据えて、「唐衣着《からころもき》つつ慣《な》れにし妻《つま》しあれば遥々来《はるばるき》ぬる旅《たび》をしぞ思《おも》ふ」という歌を詠んだ。だから、八橋には杜若が付き物で、私も八橋を実際に訪れた人から、「古歌の通りで、杜若がたくさん咲いていましたよ」という話を聞いていた。それなのに、今は冬なので草花が枯れ果てているためであろうか、八橋周辺には、「これが杜若の株だろうか」と思われる草木も見当たらない。

それでも、私は王朝の昔に思いを馳《は》せる。業平は、この場所で、「遥々来《はるばるき》ぬる旅《たび》をしぞ思《おも》ふ」と嘆いた。その嘆きの最たる理由は、業平には、都に残してきた恋しい妻がいたからだろう。「そういう事情であるならば、業平がそういう思いになったのも尤《もっと》もだ」と感じ、ちょっとだけ面白く感じた。というのは、私にも、都に恋しい人たちを残して来たので、まだ下向の途中なのに、帰京の念に駆られているからである。

【評】　この節には、作者が八橋で詠んだ歌は書かれていないが、在原業平の著名な歌の引用で閉じられている。「遙々来《はるばるき》ぬ」は、「群書類従」のように「遙々来《はるばるき》ぬる」とあるのが正確な引用だが、「扶桑拾葉集」の本文でも、十分に意味は通じる。

「然《さ》れば、然《さ》らむ」の解釈は、検討の余地がある。「それならそう思って嘆いただろうよ」、「そう（妻がいる）ならば（業平の場合は）そうだろうと」などと、業平の心境を思いやっているとするのが、通説である。

『うたたね』の作者は、都に恋しい男（夫《つま》）や、生んだばかりの幼児（子）を残してきた。だから、「私も、業平と同様に、都に恋人や、あの人との間に生まれた我が子を残してきたので、私も、業平と同様に、こんなにも都のことが恋しくてならないのだろう」という解釈も可能だろう。作者は、単に業平の心を思いやっているだけではなく、自分も業平と同じ立場だから、業平と同じくらいに都が恋しいと、心中を吐露しているのではないか。

31 遠江《とおとうみ》の浜名

都《みやこ》出《い》でて、遥《はる》かに成《な》りぬれば、彼《か》の国《くに》の中《なか》にも成《な》りぬ。

浜名《はまな》の浦《うら》ぞ、面白《おもしろ》き所《ところ》なりける。波荒《なみあら》き潮《しほ》の海路《うみち》、長閑《のどか》なる湖《みづうみ》の落《お》ち居《ゐ》たる境界《けちめ》に、遥々《はるばる》と生《お》ひ続《つづ》きたる松《まつ》の木立《こだち》など、絵《ゑ》に描《か》かまほしくぞ見《み》ゆる。

［訳］　都を旅立ってから、いったいどれほどの距離を旅してきたことになるのだろうか。私たち一行は、とうとう旅の目的地である遠江《とおとうみ》の国に入った。

今度の旅では、山と川の風景を見慣れてきたので、海の眺めは新鮮に感じられた。浜名湖は内陸湖だが、浜名川で海と繋がっている。その浜名川に架かっているのが、歌枕にもなっている浜名の橋である。

その浜名の橋が架かる浜名の浦では、稀に見る風光明媚な光景を目の当《ま》たりにした。海側には、荒波が押し寄せている。波を運んでくる海流が、はっきりと見分けられた。

その反対側は、浜名湖から流れ出した浜名川が、ゆったりと流れている。川が海に注ぐあたりが、浜名の浦。ここには、見晴るかすかぎりの松原が続く。「筆舌《ひつぜつ》に尽くしがたい」とはよく言ったもので、文章で描写するのは困難である。まさに絵に描くのがふさわしいというわけで、ここで詠んだ私の歌はない。

［評］　この節は、和歌でも漢詩でもなく、絵画で閉じられる。ただし、「絵《ゑ》に描《か》かまほしくぞ見《み》ゆる」とあるので、描かれざる絵画である。

『源氏物語』須磨巻には、「所《ところ》の様《さま》、絵《ゑ》に描《か》きたらむ様《やう》なるに」とあるし、明石巻には、「えも言《い》はぬ入江《いりえ》の水《みづ》など、絵《ゑ》に描《か》かば、心《こころ》の到《いた》り少《すく》なからむ絵師《ゑし》は及《およ》ぶまじ、と見《み》ゆ」とある。光源氏が明石で見た風景が、これから遠江の国に滞在する作者の目で再現されるのだろう。ちなみに、光源氏は「絵日記」を残したという。

「海路《うみぢ》」という言葉は珍しい。「山路《やまぢ》」という言葉は和歌で多用されるが、「海路」は『万葉集』に用例がある以外は、歌題として詞書の中に現れるだけである。その場合には、「カイロ」と読むのだろう。

「落《お》ち居《ゐ》たる」と校訂した言葉は、川が海に注ぎ込んで合流し、上流から始まった長い水の旅が終わる、という意味だが、この箇所の本文は混乱している。ほとんどの写本では「をちいたる」「おちいたる」とあり、「東山御文庫《ひがしやまごぶんこ》」本《ぼん》以外に、「おちゐたる」はない。「落ち到る」などと誤解されていた可能性もある。

32 目指す目的地に辿り着く

落《お》ち着《つ》き所《どころ》の様《さま》を見《み》れば、此処《ここ》・彼処《かしこ》に、少《すこ》し疎《おろ》かなる家居《いへゐ》どもの中《なか》には、同《おな》じ茅屋《かやや》どもなど、さすがに狭《せば》からねど、儚気《はかなげ》なる葦許《あしばか》りにて、結《むす》び置《お》ける隔《へだ》てどもも、掛《か》け留《と》まるべくもあらず。仮初《かりそめ》なれど、実《げ》に、「宮《みや》も藁屋《わらや》も」と思《おも》ふには、斯《か》くてしも、却々《なかなか》にしもあらぬ様《さま》なり。

後《うし》ろは、松原《まつばら》にて、前《まへ》には、大《おほ》きなる川《かは》、長閑《のどか》に流《なが》れたり。海《うみ》、いと近《ちか》ければ、港《みなと》の波《なみ》、此処許《ここもと》に聞《き》こえて、潮《しほ》の差《さ》す時《とき》は、此《こ》の川《かは》の水《みづ》、逆様《さかさま》に流《なが》るる様《やう》に見《み》ゆるなど、様変《さまか》はりて、いとをかしき様《さま》なれど、如何《いか》なるにか、心留《こころとど》まらず。

日数《ひかず》経《ふ》るままに、都《みやこ》の方《かた》のみ恋《こひ》しく、昼《ひる》は、終日《ひめもす》に眺《なが》め、夜《よる》は、終夜《よすがら》、物《もの》をのみ思《おも》ひ続《つづ》くる。荒磯《あらいそ》の波《なみ》の音《おと》も、枕《まくら》の許《もと》に落《お》ち来《く》る響《ひび》きには、心《こころ》ならずも、夢《ゆめ》の通《かよ》ひ路《ぢ》、絶《た》え果《は》てぬべし。

心《こころ》から斯《か》かる掛(か)かる旅寝《たびね》に嘆《なげ》くとも夢《ゆめ》だに許《ゆる》せ沖《おき》つ白波《しらなみ》

［訳］　私たち一行は、浜名の橋を渡り終え、やっとのことで、養父が住んでいる浜松に到着した。

私は暫く、ここで暮らすことになる。このあたりは、あちらこちらに、いささか粗末な造りの家が散見される。それらの中にあって、養父の家は、ほかの家と同じように茅葺《かやぶ》き屋根の簡素なものではあるものの、さすがに狭苦《せまくる》しくはなく、広く作ってあった。それでも、建物の周囲の垣根は、見るからに頼りにならなさそうな葦《あし》を縛って作ってあるだけだった。私は、都で見慣れた瓦葺きと土壁の豪邸を連想していたわけではないが、この住まいを見ると、ここで、それほど永く過ごすことはできないだろうな、という予感がした。

それが、正直な感想である。

蟬丸《せみまる》が詠んだと伝えられる名歌がある。

世《よ》の中《なか》はとてもかくても同《おな》じ事宮《ことみや》も藁屋《わらや》も果《は》てし無《な》ければ
確かに、世の中は無常である。人の命だけでなく、どんな立派な建物でも、火事や災害などで、いとも簡単に壊れてしまう。だから、立派な宮殿に住むのも、粗末な藁屋に住むのも、同じことではある。私は、持明院殿でも、西山の尼寺でも、まして東山の仮住まいでも、永く住み通すことができなかった。だから、浜松の粗末な家でも、何ということはないのだ。と思って気持ちを立て直そうとはするのだが、「こういう質素な暮らしのほうが、都での華美な生活よりは、かえって自分にはしっくりする」とも思えない貧しい家なのだった。

浜松の家の後《うし》ろには、松原が続いていた。家の前には、大きな川が、ゆったりと流れている。天龍川《てんりゅうがわ》(天中川《てんちゅうがわ》)と言うらしい。海も、かなり近い距離にあるので、港に打ちつける波の音が、すぐそばで響いているように聞こえる。『源氏物語』の須磨《すま》巻では、光る君の侘《わ》び住まいのさまが、「波《なみ》、ただ此処許《ここもと》に立《た》ち来《く》る心地《ここち》して」と書かれている。私は自分でこういう住まいを体験したので、光る君の心がよく理解できた。

潮が満ちてくる時には、川の水が河口から上流へと遡《さかのぼ》ってゆくように見える。こういう光景は、都では目にすることはない。世の中は広い。都の常識が通用しない場所が、鄙《ひな》にはたくさんあるのだと気づかされる。それはそれで、興味深い発見ではあるのだが、どうしたわけか、私の心は新鮮な鄙の光景には関心が向かず、心も晴れなかった。

何日か暮らしていると、次第に都の恋しさばかりが心を占《し》めてきた。昼間は、ずっと、ぼんやりと物思いにふけり、夜は眠れないので、あれやこれやと、今さら考えても仕方がないことばかりを思い続けた。

かろうじて眠りに就《つ》けることもあるにはあったが、荒磯に打ち当たり、砕け散る波の音が囂々《ごうごう》と枕元で響き渡るので、目を覚ましてしまう。私の袖は、波が掛かったように、涙で濡れている。夢の中で、私は都に戻り、懐かしい人々と再会して、積もる話に夢中になっていたのだが、楽しい夢は、心ならずも、遠慮の無い波の音で中断してしまう。そこで、音をもう少し静かにしてほしいと、波にお願いする歌を詠んだ。

心《こころ》から斯《か》かる《掛(か)かる》旅寝《たびね》に嘆《なげ》くとも夢《ゆめ》だに許《ゆる》せ沖《おき》つ白波《しらなみ》

（私が、この遠江の国まで流離《さすら》ってきて、苦しい思いをしているのは、白波のためではなく、私自身の愚かさのためである。そうはわかっていても、せめて夜だけは私に、楽しい夢を見る自由だけは与えてほしい。沖から寄せてきては、大きな音を立て、私の安眠を妨害し、夢を破ってしまう、意地悪な白波よ。）

【評】　遠江の国の国衙《こくが》（国府）は「見付《みつけ》（見附）」にあった。現在の磐田市である。ただし、阿仏尼本人が著した『十六夜日記』で、都から鎌倉まで通る途中に「引馬《ひくま》」（ヒキマとも、現在の浜松）を通った際に、ここに若い頃滞在していたと証言しているので、浜松が『うたたね』の旅の目的地だったことが確定する。作者の滞在した家の前を流れていた「大《おほ》きなる川《かは》」は、現在の馬込川《まごめがわ》。この川が、かつては天龍川の本流だったらしいが、鎌倉時代の頃から東側に天龍川の本流が移ったとされる。

まず、この節における『源氏物語』の重力を見ておこう。『うたたね』の「港《みなと》の波《なみ》、此処許《ここもと》に聞《き》こえて」、「荒磯《あらいそ》の波《なみ》の音《おと》も、枕《まくら》の許《もと》に落《お》ち来《く》る響《ひび》き」とある箇所は、須磨巻の「枕《まくら》を欹《そばだ》てて、四方《よも》の嵐《あらし》を聞《き》き給《たま》ふに、波《なみ》、唯《ただ》、此処許《ここもと》に立《た》ち来《く》る心地《ここち》して」を意識的に重ねてある。

『うたたね』の「枕《まくら》の許《もと》に落《お》ち来《く》る響《ひび》き」を、「枕《まくら》の音《おと》に落《お》ち来《く》る響《ひび》き」とする写本もあるが、「枕《まくら》の許《もと》」（枕《まくら》の下《もと》）でないと、須磨巻の引用にはならない。

『うたたね』で「海《うみ》、いと近《ちか》ければ」とあるのは、須磨巻に「海《うみ》は、少《すこ》し遠《とほ》けれど」とあるのを踏まえ、光源氏の須磨での住まいは海から少し遠かったというけれども、私の浜松での寓居は海のすぐ近くだった、と言っているのである。

『うたたね』の「日数《ひかず》経《ふ》るままに、都《みやこ》の方《かた》のみ恋《こひ》しく」も、須磨巻の「長雨《ながあめ》の頃《ころ》になりて、京《きやう》の事《こと》も思《おぼ》し遣《や》らるるに」あたりを意識していよう。

さて、「仮初《かりそめ》なれど、実《げ》に、『宮《みや》も藁屋《わらや》も』と思《おも》ふには、斯《か》くてしも、却々《なかなか》にしもあらぬ様《さま》なり」という箇所には、［訳］で示したように、蟬丸の「世《よ》の中《なか》はとてもかくても同《おな》じ事宮《ことみや》も藁屋《わらや》も果《は》てし無《な》ければ」（『新古今和歌集』など）という古歌を引用している。蟬丸の歌は、『源氏物語』でも引用されている。

須磨巻でも、耳慣れない庶民の言葉を海人《あま》たちが「囀《さへづ》る」のを聞いた光源氏が、「心《こころ》の行方《ゆくへ》は同《おな》じ事《こと》、何《なに》か異《こと》なる」と述懐する場面がある。ここも、蟬丸の歌を掠《かす》めているのだろう。

『うたたね』の作者は、蟬丸の歌を契機として、都の建築物と、浜松での仮《かり》初《そめ》の庵とを比較している。ここは、夕顔巻で、光源氏が夕顔の住む陋屋《ろうおく》を見て、「玉《たま》の台《うてな》も、同《おな》じ事《こと》なり」と考える場面をも連想させる。さらには、鴨長明が『方丈記』の冒頭で展開した「住まいの儚《はかな》さ」という哲学的テーマにも直結している。

また、「少《すこ》し疎《おろ》かなる家居《いへゐ》ども」を、「凄《すご》く疎《おろ》かなる家居《いへゐ》ども」とする写本もある。

33 富士山が見える日々

富士《ふじ》の山《やま》は、唯《ただ》、此処許《ここもと》にぞ見《み》ゆる。雪《ゆき》、いと白《しろ》くて、心細《こころぼそ》し。風《かぜ》に靡《なび》く煙《けぶり》の末《すゑ》も、夢《ゆめ》の前《まへ》に哀《あは》れなれど、「上無《うへな》き物《もの》は」と思《おも》ひ消《け》つ心《こころ》の丈《たけ》ぞ、物恐《ものおそ》ろしかりける。

甲斐《かひ》の白根《しらね》も、いと白《しろ》く見渡《みわた》されたり。

[訳] 浜松での仮寓からの眺めは、海だけではなく、山もまた、印象的だった。富士の山が、すぐそこに見えるのである。『伊勢物語』の第九段でも、富士の山の雪は有名だが、百聞は一見に如《し》かずで、山頂に積もった雪は、歌に詠まれている通り、真っ白に見えた。あまりにも綺麗な白なので、見ていて恐ろしくさえ感じる純白だった。

富士の山の頂からは、『古今和歌集』の仮名序《かなじょ》以来、有名な「富士の煙《けぶり》」が立ち上《のぼ》っていた。噴煙が風に吹かれて靡《なび》き、やがて行方《ゆくえ》も知れず消えてゆく。その光景を見ている私の脳裏を、いつもよぎる歌があった。西行法師の、「風《かぜ》に靡《なび》く富士《ふじ》の煙《けぶり》の空《そら》に消《き》えて行方《ゆくへ》も知《し》らぬ我《わ》が思《おも》ひかな」(『新古今和歌集』)という歌である。夢もはかないものだが、それと同じくらいにはかないのが、富士の煙なのだった。

私は、もう一つ、別の和歌も思い出しながら、富士の山を眺めていた。「富士《ふじ》の嶺《ね》の煙《けぶり》も猶《なほ》ぞ立《た》ち上《のぼ》る上無《うへな》きものは思《おも》ひなりけり」（『新古今和歌集』藤原家隆《いえたか》）。西行の「我が思ひかな」も、家隆の「思ひなりけり」も、「思ひ」と「火《ひ》」が掛詞《かけことば》になっている。

西行は、実際に自分の目で富士の煙を見て、そのはかなさを歌った。家隆は、おそらく富士の煙を見たことはなかっただろう。想像で、富士の煙を思い浮かべ、その噴煙の火を、激しい恋の情炎に喩えて歌ったのである。

私は、浜松まで来て、毎日毎日、富士の煙を眺めて暮らした。そして、思ったことがある。私の心の中で、今はちょろちょろと燻《くすぶ》っているだけの恋の火は、かつては激しく燃え上がっていた。その高さと強さは、目の前の富士の煙よりも高く、赤黒《あかぐろ》かった。もう一度、私の心の火は燃え上がるかもしれない。その高さは、富士の山よりも高いだろう。

ほとんどの歌人が圧倒される富士の煙を、自分よりもたいしたことはないと思うのは、我ながら恐ろしいことではある。富士の嶽《たけ》の丈《たけ》（標高）も高いけれども、私の「心の丈《たけ》」（自己評価）の高さは、それ以上なのである。それがわかっただけでも、遠江の国まで旅してきた甲斐《かい》があった。

そうそう、甲斐と言えば、甲斐の国の白根山《しらねさん》（南アルプスの北岳《きただけ》、間ノ岳《あいのたけ》、農鳥岳《のうとりだけ》の白根三山）も、ここから白い頂が遠望できた。

［評］ この節は、藤原家隆の和歌の引用で閉じるつもりだったけれども、富士山からの連想で、甲斐の白根についても書き添えたのだろう。

遠江の国の国衙《こくが》（国府）は、「見付《みつけ》（見附）」にあったが、この地名の語源は、都から東海道を下ってきた旅人が、このあたりで富士山を初めて見付けるからだ、とする一説もある。浜松は、見付よりも西に当たるが、場所によっては富士山が見える。かく言う私も、冬期には雪をかぶった富士山を、郷里である九州から帰京する途中の新幹線で、浜名湖付近から何度も車窓で確認している。

「甲斐の白根」については、浜松よりも東だが、歌枕「佐夜の中山《さやのなかやま》」（小夜《さよ》の中山）を詠んだ歌に、「雪積《ゆきつ》もる甲斐《かひ》の白根《しらね》を外《よそ》に見《み》て遥《はる》かに越《こ》ゆる佐夜《さや》の中山《なかやま》」（『新千載和歌集』）という用例がある。

なお、「風《かぜ》に靡《なび》く煙《けぶり》の末《すゑ》も、夢《ゆめ》の前《まへ》に哀《あは》れなれど」の箇所には、諸本間で本文の異同はないが、意味的に考えて、「目《め》の前《まへ》に哀《あは》れなれど」ではないか、とする説がある。

34 帰京を決意する

斯《か》くて、霜月《しもつき》の末《すゑ》つ方《かた》にも成《な》りぬ。都《みやこ》の方《かた》よりも、文《ふみ》どもの数多《あまた》有《あ》るを見《み》れば、いと幼《をさな》くより育《はぐく》みし人《ひと》、儚《はかな》くも見捨《みす》てられて、心細《こころぼそ》かりつる思《おも》ひに、病《やまひ》に成《な》りて、限《かぎ》りに成《な》りたる由《よし》を、鳥《とり》の跡《あと》の様《やう》に書《か》き続《つづ》けて、遣《おこ》せたるを、見《み》るに、哀《あは》れに、悲《かな》しくて、万《よろづ》を忘《わす》れて、急《いそ》ぎ上《のぼ》りなむとするは、人《ひと》の思《おも》ふらむ事《こと》どもの、騒《さわ》がしく、傍《かたは》ら痛《いた》ければ、とにかくに、障《さは》るべき心地《ここち》もせねば、俄《にはか》に急《いそ》ぎ立《た》つを、「道《みち》も、いと凍《こほ》り閉《と》ぢて、障《さは》り勝《が》ちに、危《あやふ》かるべきを」、「唯今《ただいま》、捗々《はかばか》しき、打《う》ち添《そ》ふ人《ひと》も無《な》くて」など、様々《さまざま》留《とど》むる人《ひと》も多《おほ》かりければ、思《おも》ひ侘《わ》びて、音《ね》のみ泣《な》かるるを、見《み》る人《ひと》も、「心苦《こころぐる》しく」とて、供《とも》すべき者《もの》どもなど、誰彼《たれかれ》と定《さだ》めて、上《のぼ》るべきに成《な》りぬ。

いと嬉《うれ》しけれど、「とにかくに、思《おも》ひ分《わ》けにし事無《ことな》く、何《なに》と、又《また》、都《みやこ》へ帰《かへ》らむ」と、あぢきなく、物憂《ものう》し。此処《ここ》とても、又《また》、立《た》ち帰《かへ》らむ事《こと》も難《かた》ければ、物毎《ものごと》に、名残多《なごりおほ》かる心地《ここち》するにも、打《う》ち付《つ》けに、物難《ものむつか》しき心《こころ》の癖《くせ》になむ。

常《つね》に寄《よ》り居《ゐ》つる柱《はしら》の、荒々《あらあら》しきが、懐《なつ》かしからざりつるも、立《た》ち離《はな》れなむは、さすがに心細《こころぼそ》くて、人《ひと》、見分《みわ》くべくもあらず、小《ち》ひさく、書《か》き付《つ》くれど、「目早《めばや》き山賤《やまがつ》もや」と、慎《つつ》ましながら、

忘《わす》るなよ浅木《あさぎ》の柱変《はしらか》はらずは又来《またき》て慣《な》るる折《をり》もこそ有《あ》れ

【訳】 霜月《しもつき》（旧暦十一月）の下旬になった。いや、まだ霜月の下旬にしかなっていない。鄙《ひな》で流れる時間は、都の時間よりも、よほどゆっくりしているようだ。到着した時点で、ここには、そんなに永く滞在できないだろうと思った私は、滞在中、早く都に戻りたかった。そんな私に、都からたくさんの手紙が届いた。その中に、私の心を深く抉《えぐ》った手紙があった。

私がまだ生まれたばかりの頃から、ずっと私を慈《いつく》しんで育ててくれた乳母《めのと》がいた。赤ちゃんだった私が今では十代半ばなのだから、乳母はもう大変な歳のはずである。乳母に可愛がってもらった私が、今では出産を体験するくらいだから、時の流れは、やはり速いと言うべきだろう。

乳母は、愛する人たちに、次々に去られてしまう、不幸な一生だった。彼女の夫や子どもたち以上に、この私の不器用な生き方が、乳母の心を苦しめたのではないかと、心から申しわけなく思っている。出奔や出家もあったし、今では遠江の国に滞在しているし、乳母とは会えない日々の連続だった。彼女は、私が遠江に去った後で、独りぼっちになった気の病から、極度に衰弱し、今や命の瀬戸際《せとぎわ》なのだと、手紙で訴えてきた。その筆蹟が、鳥の足跡のようで、何という文字が書いてあるのか、すぐには判読できないほどに震えている。『源氏物語』で、柏木《かしわぎ》が瀕死の状態で、女三《おんなさん》の宮《みや》に書いた手紙が「鳥の跡《あと》」のような筆蹟だったと書かれているが、まさにそれである。

私は、乳母の手紙に激しく心が揺さぶられた。乳母が可哀想《かわいそう》で、彼女が抱え込んだ悲しみが、そのまま私にも伝わってくる。この手紙を読んだ瞬間、私は、「都へ戻ろう。今すぐにも、戻りたい」と決心した。

そうなると、せっかく浜松まで下ってきたものの、わずか数か月で去ってしまうことを、養父たちがどう思うだろうかと、心が乱れるし、申《もう》し訳《わけ》なさに、いたたまれない気持ちになる。だが、それよりも、乳母に会いたい気持ちのほうが、ずっと大きい。私の帰京を断念させるものは、ここには何もない。

気の早い私は、早速、帰りの旅支度を始めた。すると、養父たちは、正面からの説得は諦めたものの、「まもなく師走《しわす》ですよ。東海道を下ってこられた時には、晩秋から初冬にかけてでしたが、それでも冷たい雨に打たれて、大変だったのをお忘れですか。今は、真冬ですよ。道は、霜や氷で凍結していて、輿《こし》も馬も、まして徒歩では、前へ進むことすら難しいと思いますよ」とか、「あなたが当地に下ってきた時には、私たちもご一緒でしたが、今度は時期的に都に上る用件もありませんので、あなたを警備する者たちの頭数《あたまかず》も、揃えることはむずかしいです。墨俣《すのまた》の渡りでの乱暴狼藉を覚えていませんか」などと、口々に、さまざまの理由を持ち出して、翻意させようと必死である。

私も、養父たちが好意で言っているのがわかるので、無下《むげ》にもできず、困ってしまった。そうなると、自分にはもう泣く道しか残されていない。そのような私を見かねて、彼らも私の上京を認めてくれ、道中が安全なように、警護役のお供には誰それを付けよう、などと決定して、私を都に上らせてくれた。

都に戻れるのは嬉しいのだが、そうなればなったで、私の心中は複雑である。「どうも、私には思慮分別が欠けているようだ。持明院殿を出奔した時も、都を離れる決心をした時も、そして今、都に戻る決心をした時も、私という人間は、熟慮したあとで理路整然とした結論に到達するのではなく、一時の激情に駆られて、周囲の人たちの目には唐突とも見える行動に出てしまう傾向があるようだ。都に戻りたいという今回の決心も、乳母《めのと》の手紙を読んで衝動的に決心したものだ。「自分は、この浜松で、自分の心の未熟さを見つめ、少しでも成熟した人間に生まれ変わりたくて、ここに来たのではなかったか。未熟なままなのに、どうして、都に帰れるのだろうか」と省みると、自分の人生がつまらなく思えてくる。浜松に残る人生もありうるのだと考えると、帰りたいとばかり思っていた自分が、情けなくなる。

この浜松にしても、ここを去って都に戻れば、もう二度と、ここに舞い戻ることはできないだろう。そうすると、ここでお世話になった人々や、ここで初めて目にした文物にも、離れがたい未練が湧いてきたりする。突然の情念に振り回されて生きる私という人間は、まことに厄介《やっかい》である。私は、何かに取り憑《つ》かれやすいうえに、感情と行動の振動の幅《はば》が、大きすぎるのだ。

　この仮住まいの部屋で、私はいつも柱に寄りかかって座り、時間をつぶしていた。その柱は、削《けず》りが荒くて洗練されていないので、正直に言えば、好きではなかった。けれども、都に戻ると、この柱にはもう寄りかかれないのだと思うと、さすがに離れがたい、寂しい気持ちになった。それで、私の筆蹟だと気づかれないように、ごくごく小さな字で、この柱に惜別の歌を書き付けた。「私が去った後に、この歌を見付けて不思議がる田舎の人もいるかもしれない」と思うと、いささか躊躇《ためら》われたが、それもまた一興であり、見つけた人は、私から彼らへの感謝の気持ちだと理解してくれるだろう。

　忘《わす》るなよ浅木《あさぎ》の柱《はしら》変《か》はらずは又来《またき》て慣《な》るる折《をり》もこそ有《あ》れ

（粗末な材質の柱よ、短い間だったけれども、お前に寄りかかって慣れ親しんだ私のことを、忘れないでほしい。これからもずっと変わらずに、この部屋の中に存在し続けていれば、いつかまた、私が訪れてきて、お前によりかかる日が来るかもしれないからね。）

「浅木の柱」は、お世話になった養父たちを喩えている。なおかつ、この歌は、『源氏物語』の真木柱《まきばしら》巻で、姫君（真木柱）が詠んだ、「今《いま》はとて宿離《やどか》れぬとも慣《な》れ来《き》つる真木《まき》の柱《はしら》は我《われ》を忘《わす》るな」という歌を意識したつもりである。また、『千載和歌集』の「東屋《あづまや》の浅木《あさぎ》の柱我《はしらわれ》ながらいつ臥《ふ》し慣《な》れて恋《こひ》しかるらむ」（前斎院新肥前）をも意識した。『千載和歌集』の歌は、「臥《ふ》し」と「節《ふし》」の掛詞《かけことば》が見事だが、私は自分の詠んだ歌では掛詞をうまく使えなかった。

［評］ 都から届いた乳母《めのと》からの手紙には、彼女の病のことだけが書いてあったのだろうか。ここは、光源氏が、「大弐《だいに》の乳母《めのと》」を見舞い、励まそうとする夕顔巻の巻頭が、かすめられているのだろう。ただし、『うたたね』の作者が都に残してきた幼児のことも書いてあった可能性もある。あるいは、「急《いそ》ぎ上《のぼ》りなむとするは、人《ひと》の思《おも》ふらむ事《こと》どもの、騒《さわ》がしく、傍《かた》ら痛《いた》ければ」という部分に、都の残した子どもが心配で戻るのか、と勘ぐられることが含まれているのかもしれない。

乳母の手紙は、「鳥《とり》の跡《あと》の様《やう》に書《か》き続《つづ》けて」あった。［訳］に盛り込んだけれども、ここには橋姫《はしひめ》巻で、薫が老女から手渡された柏木の手紙の筆蹟が「つぶつぶと、奇《あや》しき鳥《とり》の跡《あと》の様《やう》に」書いてあったことを踏まえている。また、夕霧巻にも、一条御息所《いちじょうのみやすどころ》の手紙の筆蹟が「奇《あや》しき鳥《とり》の跡《あと》の様《やう》」だったとある。

「浅木《あさぎ》の柱《はしら》」は、これも［訳］に示したように、真《ま》木《き》柱《ばしら》巻を踏まえている。それでは、『うたたね』の作者の浜松への旅が、光源氏の須磨・明石への旅と重ねられていたことは、この節に、どのように反映しているのだろうか。「上《のぼ》るべきに成《な》りぬ。いと嬉《うれ》しけれど、（中略）あぢきなく、物憂《ものう》し」という部分に、明石巻の光源氏の心境が投影されているのではないか。「嬉《うれ》しきに添《そ》へても、また、此《こ》の浦《うら》を、今《いま》はと、思《おも》ひ離《はな》れなむ事《こと》を思《おぼ》し嘆《なげ》くに」、「嬉《うれ》しきにも、実《げ》に、今日《けふ》を限《かぎ》りに此《こ》の渚《なぎさ》を別《わか》るる事《こと》など、哀《あは》れがりて」などと、光源氏の心は語られていた。

光源氏は、明石の地に、自分の子どもを懐妊した明石の君を残して帰京する。『うたたね』の作者は、我が子や、自分を育んできた乳母たちの待つ都へと帰京する。

35 帰路、不破《ふわ》の関で

此《こ》の度《たび》は、いと人少《ひとずく》なに、心細《こころぼそ》けれど、都《みやこ》を後《うし》ろにて来《こ》し折《をり》の心地《ここち》には、こよなく日数《ひかず》の過《す》ぐるも恋《こひ》しき心地《ここち》するぞ、生憎《あやにく》に、我《わ》が心《こころ》より思《おも》ひ立《た》ちて、出《い》でぬれど、我《われ》ながら、定《さだ》め無《な》く、旅《たび》の程《ほど》も思《おも》ひ知《し》られざれど、厭《いと》はずに、日数《ひかず》も麗《うら》らかにて、滞《とどこほ》る所《ところ》も無《な》かりけるを、不破《ふは》の関《せき》に成《な》りて、雪《ゆき》、唯降《ただふ》りに降《ふ》り来《く》るに、風《かぜ》さへ交《ま》じりて吹《ふ》き、雪《ゆき》も掻《か》き暗《く》れぬれば、関屋近《せきやちか》く立《た》ち休《やす》らひたるに、関守《せきもり》の、懐《なつ》かしからぬ面持《おもも》ち、取《と》り難《にく》く、「何《なに》をがな、止《とど》めむ」と見出《みい》だしたる気色《けしき》も、いと恐《おそ》ろしくて、掻《か》き暗《くら》す雪間《ゆきま》を暫《しば》し待《ま》つ程《ほど》ぞやがて留《とど》むる不破《ふは》の関守《せきもり》

［訳］　この度《たび》の上京の旅は、都から下ってきた時よりは、同行する者たちが少ない。それが、いささか不安ではあるけれども、都を後《あと》に、東海道を下ってきた時の不安に比べると、都に上る今回の旅は、気持ちが前向きのためか、旅する時間の過ぎるのが速く感じら

れた。下ってきた時には、悲しいとか、苦しいとかで、輿《こし》や馬に乗っている時間がものすごく長く感じられたものだった。今は、この調子で速く時間が過ぎて、都に到着する日になってほしいと、その日が恋しく、待ち遠しかった。

けれども、感情の起伏や振幅の激しいのが、私という人間の心の不思議さである。養父たちが引き留《と》めるのを、私のわがままで強引に振り切って、上京の旅に出たのだけれども、冷静になって自分の心を見つめると、我ながら、何と定め無い、一《ひと》つ所《ところ》にじっと定着していられない、ふわふわした生き方をしていることだろう。

私は、旅の手はずを供の者に任せっきりなので、上京の旅が何日かかるのか、その日その日をどこに宿泊するのかは、何一つとしてわかっていない。そんな旅ではあったが、お日様に嫌われることもなく、冬にしては麗《うら》らかな好天に恵まれて、順調に旅は進み、遠《とお》江《とうみ》・三河《みかわ》・尾張《おわり》という国々を過ぎた。

ところが、美濃《みの》の国の不破《ふわ》の関《せき》に差しかかったところで、雪が降ってきた。しかも、とんでもない大降りである。時折、強風まで吹きつけて雪になった。空は、まだ昼間なのに真っ暗に閉ざされている。仕方なく不破の関の役人たちが詰めている建物(関屋《せきや》)の近くに輿を駐《と》めて、しばらく風と雪が収まるのを待っていた。

私が輿の中から眺めていると、関屋の中で見張りをする関守《せきもり》たちが、外の旅人たちを睨んでいた。彼らは、厳しげな表情で、愛嬌がなく、「どうにかして、良くない点を見つけて、旅人が関所を通るのを阻止したい」と考えているのが、見て取れた。私は恐ろしくて、目をそらして、歌を詠んだ。

　掻《か》き暗《くら》す雪間《ゆきま》を暫《しば》し待《ま》つ程《ほど》ぞやがて留《とど》むる不破《ふは》の関守《せきもり》

(空を真っ暗に閉ざして降ってくる大雪が晴れるのを、私はしばらく待っているつもりである。けれども関守たちの意地悪そうな顔付きを見ていると、雪が止《や》んでも、そのまま私たちはここで足止めさせられ、この関所を越すことができなくなってしまいそうだ。)

【評】ここで、作者は、不破の関守の姿を、はっきりと書き記している。ところが、不破の関は、名ばかりで、関としての実態はなかった、とする説が有力である。『新古今和歌集』に、藤原良経《りょうけい》の有名な歌がある。

　人住《ひとす》まぬ不破《ふは》の関屋《せきや》の板廂《いたびさし》荒《あ》れにし後《のち》は唯《ただ》秋《あき》の風《かぜ》

阿仏尼は、『十六夜日記』でも、不破の関を描いている。この良経の歌の通りに、今も荒れ果てていた、というのである。ならば、この『うたたね』の憎たらしいまでの関守の存在感は、何だったのか。

ちなみに、阿仏尼には、「勿来《なこそ》の関」を歌った、「然《さ》ては然《さ》は越《こ》えにしものを今更《いまさら》に又《また》は勿来《なこそ》の関守《せきもり》ぞ憂《う》き」(『玉葉和歌集』)という歌がある。

なお、「風《かぜ》さへ交《ま》じりて吹《ふ》き、雪《ゆき》も掻《か》き暗《く》れぬれば」という本文は、「ふき行《ゆく》も」「吹雪《ふぶき》も」とする写本・版本もある。和歌の第三句「待《ま》つ程《ほど》ぞ」は、「群書類従」本では「待つ程に」となっており、意味が取りやすい。

また、「日数《ひかず》も麗《うら》らかにて」の箇所は、意味が取りにくいので、「日数《ひかず》」は「日影《ひかげ》」の誤写かとする説もある。

36　近江の鏡山《かがみやま》

京《きやう》に入《い》る日《ひ》しも、雨《あめ》降《ふ》り出《い》でて、鏡《かがみ》の山《やま》も曇《くも》りて見《み》ゆるを、「下《くだ》りし折《をり》も、此《こ》の程《ほど》にては、雨《あめ》降《ふ》り出《い》でたりしぞかし」と、思《おも》ひ出《い》でて、

此《こ》の度《たび》は曇《くも》らば曇《くも》れ鏡山人《かがみやまひと》を《見》都《みやこ》の遙《はる》かならねば

【訳】何とか不破《ふわ》の関を越えたし、近江《おうみ》の国にも入った。いよいよ、今日は都に入るという、上京の旅の最終日になった。

私の心は晴れやかなのに、空はそう思っていないらしく、生憎《あいにく》なことに雨が降りだした。鏡山《かがみやま》が、雨に煙って見える。正確には、雨に煙っているので、山の姿が明瞭には見えない。「鏡」ならば、明らかな姿を見せてほしいのに。

「そう言えば、下りの旅の時も、この野路《のじ》のあたりで雨に降られて、都の方角にある山の姿が見えずに、悲しかった。ここは、よほど雨に縁《えん》のある場所なのだろう」と、下向する際のことを思い出した。

此《こ》の度《たび》は曇《くも》らば曇《くも》れ鏡山人《かがみやまひと》を《見》都《みやこ》の遙《はる》かならねば

（下向する時、ここで雨に降られたのは悲しかった。今日、上京する時にも、雨。だが、雨よ。降りたければ降っても構わない。そして、鏡山よ。曇りたければ、曇ってもよい。私は今日中《きょうじゅう》に都に着いて、恋しく思う人々の顔をはっきりと見ることができるのだから。

少々の意地悪にも、私は我慢できる。）

［評］　最後に置かれた「鏡山」を詠んだ歌の「人《ひと》を都《みやこ》の」の箇所を、「人《ひと》を深《み》山《やま》の」とする写本がある。「人を見《み》」の掛詞なので、「都《みやこ》」でも「深山《みやま》」でもよさそうだが、ここは都のすぐ近くまで戻って来たという内容なので、「人《ひと》を都《みやこ》の」が正しいだろう。実際に、次の「37」でも、「人を都」とある。なお、「都」の「み」と掛詞になっている「見」は、「鏡」の縁語である。

後に、阿仏尼（安嘉門院四条）は、為家の遺産である播磨の国の細川の庄の相続をめぐって為氏と対立し、鎌倉に下向して訴訟を起こした。鎌倉滞在中に、鎌倉の神社や鹿島神宮などに、勝訴を願う百首歌を奉納している。それが、『安嘉門院四条五百首』である。鎌倉の新日吉社《いまひえしゃ》に奉納した百首の冒頭には、鏡山が歌われている。

出《い》づる日《ひ》の影《かげ》や真澄《ますみ》の鏡山《かがみやま》都《みやこ》《見》に向《む》かふ春《はる》の光《ひかり》に

37 都を目前にして

斯《か》く思《おも》ひ続《つづ》くれど、真《まこと》に、彼《か》の「人《ひと》を都《みやこ》」は、近《ちか》き心《こころ》のみ許《ばか》りにて、「出《い》づるを限《かぎ》りに」と思《おも》ひ返《かへ》すぞ、又《また》、掻《か》き暗《くら》す心地《ここち》しける。

日闌《ひた》くるままに、雨由々《あめゆゆ》しく晴《は》れて、白《しろ》き雲多《くもおほ》かる山《やま》多《おほ》かれば、「何処《いづく》にか」と尋《たづ》ぬれば、「比良《ひら》の高嶺《たかね》や、比叡《ひえ》の山《やま》などに侍《はべ》る」と言《い》ふを聞《き》くに、儚《はかな》き雲《くも》さへ懐《なつ》かしく成《な》りぬ。

君《きみ》も然《さ》は余所《よそ》の眺《なが》めや通《かよ》ふらむ都《みやこ》の山《やま》に懸《か》かる白雲《しらくも》

［訳］　さて、鏡山では、まもなく都に戻るので、すぐに恋しい人々と再会できるだろうと思っていた。だから、「鏡山人《かがみやまひと》を都《みやこ》の遙《はる》かならねば」などと詠んだわけだが、私の直面している事態は、それほど簡単なものではなかった。

確かに、私がいる近江の国と、都のある山城《やましろ》の国は、距離的には近い。けれども、心理的な距離は隔絶している。

私は自分の悲しみと苦しみがいつまで続くのか、いつになったら悲しみや苦しみがなくなるのか、とばかり思い続けてきた。けれども、そういう晴れやかな日は、私の人生には、来ないかも知れない。いや、きっと来ないだろう。かつて私が都を出て旅に出た時、私と都の人々との関係は、一旦《いったん》断ち切られた。そう思うと、鏡山を曇らせている空模様と同様に、私の心も真っ暗になるのだった。

私の心は忌々《いまいま》しいくらいに真っ暗なままなのだが、昼に近づくにつれて、空模様は信じられないくらい晴れ渡った。輿から見ると、白い雲が濛々《もうもう》と懸かる山が、たくさん見えた。私が、「あの山々の名前は、何と言うのですか」と尋ねると、供の者たちは、「北のほうが比良《ひら》の山で、その南側が比叡山《ひえいざん》でございます」と教えてくれた。それらは都からも見えた山々なので、いよいよ都に戻ってきたのだという実感が湧き、人間ではない白雲までもが親密に思えた。

君《きみ》も然《さ》は余所《よそ》の眺《なが》めや通《かよ》ふらむ都《みやこ》の山《やま》に懸《か》かる白雲《しらくも》

（私は東から、あの人は西から、比良山や比叡山を見ている。都から見ても、山々には白雲が懸かっているのかしら。同じ山を眺めているのだから、二人の心も通じ合っているのだろうか。そう信じたい。）

【評】「出《い》づるを限《かぎ》りに」という箇所には、「何時《いつ》を限《かぎ》りに」という異文もある。『うたたね』の作者が、後に結ばれた藤原為家に、「何時《いつ》を限《かぎ》りに」の用例があるので、こちらが本来の形だった可能性が高い。

行《ゆ》き帰《かへ》り何時《いつ》を限《かぎ》りに逢《あ》ふ事《こと》の渚《なぎさ》《無(な)》に波《なみ》の寄《よ》《夜》るも寝《ね》られず（『為家千首』）

西行法師にも「何時《いつ》を限《かぎ》りに」の用例がある。「氷に寄する恋」という題で詠まれた歌である。「春《はる》を待《ま》つ諏訪《すは》の渡《わた》りも有《あ》るものを何時《いつ》を限《かぎ》りにすべき氷柱《つらら》ぞ」。氷柱は、いつまで凍ったままなのか、という意味である。

なお、この節では、「比良《ひら》の高嶺《たかね》」に「白き雲」が懸かっている情景が描かれている。『源氏物語』若菜下巻に、「篁朝臣《たかむらあそん》の、『比良《ひら》の山《やま》さへ』と言《い》ひける雪《ゆき》の朝《あさ》を思《おぼ》し遣《や》れば」とある。注釈書によれば、この歌の正しい作者は小野篁ではなく、菅原文時《ふみとき》。歌の全体は、「神籬《ひもろぎ》は神《かみ》の心《こころ》に請《う》けつらし比良《ひら》の高嶺《たかね》に（比《ひ》良《ら》の山《やま》さへ）木綿鬘《ゆふかづら》せり」。『源氏物語』では「比良の白雪」、『うたたね』では「比良の白雲」である。

38　乳母《めのと》との再会

暮《く》れ果《は》つる程《ほど》に、行《ゆ》き着《つ》きたれば、思《おも》ひ成《な》しにや、此処《ここ》も彼処《かしこ》も、猶《なほ》、荒《あ》れ増《ま》さりたる心地《ここち》して、所々《ところどころ》漏《も》り濡《ぬ》れたる様《さま》など、何《なに》に心留《こころと》まるべくもあらぬを、見遣《みや》るも、「いと離《はな》れま憂《う》き荒屋《あばらや》の軒《のき》ならむ」と、漫《そぞ》ろに、見《み》るも哀《あは》れなり。老人《おいびと》は、打《う》ち見《み》えて、こよなく怠《おこた》り様《ざま》に見《み》ゆるも、「憂《う》き身《み》を、誰許《たればか》り、斯《か》うまで慕《した》はむ」と、哀《あは》れも浅《あさ》からず。

[訳]　都には、とっぷりと日が暮れて暗くなってから入った。まずは、懐かしき我が家に落ちついた。しばらく留守にしていたので、心なしか、庭だけでなく、家の内部も、あちらこちらが傷んだり、手入れが必要なほど不具合になったりしていた。軒下や縁側など、雨洩りして露に濡れ、湿ったりしている。私は思わず、『源氏物語』の末摘花《すえつむはな》の屋敷の荒廃ぶりを連想した。

「こんな荒れ果てた屋敷でも、遠江の国に滞在していた頃には、戻りたくて堪《たま》らなかった。どこに、心が引かれたのだろう。不思議なことだ」と思いながら、なおも、あちらこちらを眺め渡した。しみじみとした気持ちになって、「たくさんの思い出と愛着があるので、どんなことがあっても、もう、私はこの屋敷を見捨てることはできないだろう」と思うと、わけもなく、胸の奥からこみ上げてくる感情がある。末摘花の住む蓬生《よもぎう》の宿には、光る君が現れて、彼女を貧困から助けてくれた。あの人は、私にとっては「十六夜《いざよい》の月」のようなお方。私が末摘花で、あの人が光る君。あの人は、私のことを何かのきっかけで思い出し、この家に、また足を運んでくれるのだろうか。

そんな思いを振り切るようにして、私は乳母《めのと》の待つ部屋に向かった。乳母は、そこにいた。私が帰京するという話を聞いて、気力が回復したためか、体の具合もかなり良くなっているように見えた。死という最悪の事態は、免れたようだ。「こんな取るに足らない、生きるのが辛くてたまらない私なのに、この乳母は、こんなにまで私の戻ってくるのを待っていてくれたのだ」と思うと、乳母を慈しむ気持ちが、どうして疎《おろそ》かでありえようか。この乳母を大切にしてあげよう、と決心したことである。

［評］　この節には和歌がないが、ここで一段落が付いた。

「久しぶりに帰京して、荒廃した屋敷を見る」という場面設定は、『源氏物語』蓬生《よもぎう》巻の世界と重なる。『うたたね』には、「所々《ところどころ》漏《も》り濡《ぬ》れたる様《さま》」「荒屋《あばらや》の軒《のき》」などとあるが、蓬生巻にも、末摘花の屋敷の荒廃ぶりが、「漏《も》り濡《ぬ》れたる廂《ひさし》」「荒れたる軒」などという言葉などで表現されている。

須磨・明石から帰京した光源氏が末摘花と再会する場面を、『うたたね』の作者が帰京して乳母と再会する場面に利用しているのである。

作者は、「乳母」との対面の後で、我が子と逢えただろうか。

39 この日記の結びに

其《そ》の後《のち》は、身《み》を浮草《うきくさ》に憧《あくが》れし心《こころ》も、懲《こ》り果《は》てぬるにや、熟々《つくづく》と、「斯《か》かる蓬《よもぎ》が杣《そま》に、朽《く》ち果《は》つべき契《ちぎ》りこそは」と、身《み》をも世《よ》をも思《おも》ひ鎮《しづ》むれど、慕《した》はぬ心地《ここち》なれば、又《また》、成《な》り行《ゆ》かむ果《は》て、如何《いか》が。

我《われ》よりは久《ひさ》しかるべき跡《あと》なれど偲《しの》ばぬ人《ひと》は哀《あは》れとも見《み》じ

［訳］　こうして、私は再び都の人となった。生まれてからわずか十何年かの人生ではあったけれども、私には、長生きした老人の一生分の喜怒哀楽を体験したような気持ちがしてならない。中国には、「一炊《いっすい》の夢《ゆめ》」という故事がある。短い時間のうちに、波瀾万丈の一生を体験するという意味である。私は、さしずめ、「うたたねの夢」を見ていたのだろう。だから、ここまで私が書き記してきた日記に題を付けるならば、簡単に言えば『うたたね』、ジャンルを明記すれば『うたたねの記』、あるいは『うたたね日記』とでもなるだろう。

ここに書いた出来事が短期間に集中的に起きてから、この日記の執筆を終えた現在まで、時間は流れた。こんな私ではあるが、自分の持って生まれた定めを、何とかして変えることはできるのだろうか。これまでの私は、水に浮かんだ浮草《うきくさ》のように、生活の本拠地からも、自分の心の核心からも、ふらふら・ふわふわと、さまよい出てしまい、恋に、出家に、旅にと、落ち着かない人生を生きてきた。それが、自分だけでなく、乳母のような周囲の人たちをも苦しめてきた。私が心から愛した「あの人」も、こういう性格の私に辟易《へきえき》して、私から心が離れていったのだろう。

私も、さすがに、少しは懲《こ》りている。この日記を書きながら、そのことを実感した。心を落ち着けて沈思黙考《ちんしもっこう》して、「私は、こういう蓬生《よもぎう》の廃屋で、誰からも愛されず、華やかな人生を生きることなく、一生を終える定めなのだ」と、自分自身の人生と、自分が生きている世の中のすべてを諦めようと努力するのだが、そういう自分が自分でも好きになれない定めだときている。突然の激情に駆られて、『源氏物語』のヒロインたちのように振る舞ってしまうのが、この私である。宇治十帖の浮舟は、出家と還俗《げんぞく》の間で迷い続けている段階で、物語の筆が擱《お》かれた。ならば、これからの私は「その後の浮舟」を生きてゆこう。

『うたたね』を書き終えた私は、まだ人生の半ばにある。これから、どういう人生が、私の前に待ち受けているのだろうか。期待が半分、恐れが半分である。最後に、一首を記して、ここまで日記に付き合ってくれた読者への別れの挨拶としたい。

実は、この歌は私が詠んだ歌ではない。中務《なかつかさ》の歌である。今から三百年以上も前の人物である。けれども、自分以外の人の詠んだ歌が、しかも、昔の人の歌が、今を生きる自分の心を最も正確に写し取っていることが、ままある。ならば、私の書いた『うたたね』が、後世の読者の誰かの心を正確に代弁している可能性も、なくはないだろう。

中務がこの歌に籠めた気持ちとは別の私の気持ちを、これまで『うたたね』を読んできてくれた読者は読み取ってほしい。

我《われ》よりは久《ひさ》しかるべき跡《あと》なれど偲《しの》ばぬ人《ひと》は哀《あは》れとも見《み》じ

（人の命には限りがある。ただし、紙に墨で書かれた文字は、かなり永く存在し続ける。だから、私の命が終わったあとでも、この『うたたね』という日記は残るだろう。興味を持って読んでくれる人がいるかもしれない。少なくとも、私が愛するようには私を愛してくれなかった薄情なあの人は、まず読んでくれないだろうし、仮に読んだとしても同情してくれないだろう。けれども、一人の少女が短い期間に体験し尽くした恋と隠棲と旅の記録を、理解してくれる読者が、いつの日か、いや、いつの時代にも、いてくれることを信じよう。）

［評］「蓬《よもぎ》が杣《そま》」という言葉は、「38」から続く『源氏物語』蓬生巻の磁場が、この場面に続いていることを示している。「蓬生」の「蓬」から、曾禰好忠《そねのよしただ》の

「鳴《な》けや鳴《な》け蓬《よもぎ》が杣《そま》の蟋蟀《きりぎりす》過《す》ぎ行《ゆ》く秋《あき》は実《げ》にぞ悲《かな》しき」（『後拾遺和歌集』）という歌が連想され、「蓬が杣」という言葉の採用となったのだろう。

ちなみに、『うたたね』の作者が後に結ばれた藤原為家にも、「身《み》を隠《かく》す山陰《やまかげ》なれど然《さ》のみやは蓬《よもぎ》が杣《そま》と繁《しげ》り果《は》つべき」（『為家集』）という歌がある。

なお、「身《み》をも世《よ》をも思《おも》ひ鎮《しづ》むれど、慕《した》はぬ心地《ここち》なれば」の箇所は、すべての写本・版本が、この本文であるが、意味的に考えて「従《したが》はぬ心地《ここち》なれば」と本文を校訂する立場がある。自分の心が自分でも自由にできない、と解釈するのである。それもそうなのではあるが、本書では本文の恣意的な校訂はしない方針なので、「慕《した》はぬ心地《ここち》」（我ながら自分の心が好きにはなれない）のままで［訳］を試みた。

さて、自分が詠んだ歌ではなく、三百年も前に他人が詠んだ和歌で、『うたたね』という作品は閉じられている。この点に注目しよう。

そう言えば、『源氏物語』空蟬《うつせみ》巻の末尾は、「空蟬《うつせみ》の羽《は》に置《お》く露《つゆ》の木隠《こがく》れて忍《しの》び忍《しの》びに濡《ぬ》るる袖《そで》かな」という和歌で閉じられている。この歌を、空蟬が詠んだ和歌ではなく、『古今和歌集』を代表する女性歌人である伊勢の詠んだ古歌であるとするのが、江戸中期以前の注釈書の通説だった。

だが、国学が興り、それ以前の国文学研究（和学）との訣別を企図した契沖《けいちゅう》や本居宣長以降、この歌は伊勢の詠んだ歌ではない、とする見解が提示された。現在も、伊勢の歌に空蝉が自分の心境を託したとする説と、この歌は伊勢の歌ではなく、むしろ『源氏物語』の歌が伊勢の家集に紛れ込んだのだろうとする説とが、対立している。なおかつ、国学の宣長たちは、『源氏物語』冒頭の桐壺巻、「いづれの御時《おほんとき》にか」が、伊勢の家集の「いづれの御時《おほんとき》にかありけむ」から影響を受けたとする従来の説を、否定した。

私たちは、これまで『うたたね』という作品をこの場面まで読んできた。そして、『源氏物語』の言葉や場面設定を、これほどまでに自家薬籠中のものとした古典作品は珍しい、という事実を確認してきた。『うたたね』の最終場面で、作者は、中務《なかつかさ》の歌で、自分の心情を代弁させ、なおかつ、作品を閉じている。中務は、伊勢の娘である。

そもそも、『源氏物語』それ自体の中で、「空蝉《うつせみ》の羽《は》に置《お》く露《つゆ》の木隠《こがく》れて忍《しの》び忍《しの》びに濡《ぬ》るる袖《そで》かな」という和歌が、伊勢の歌をそのまま用いたのか、そうでないのかは、現在まで解決していない難問である。もしかしたら、宣長たちの見解に分があるかもしれない。

だが、鎌倉時代に、『源氏物語』を深く読み込んでいた「安嘉門院四条＝阿仏尼」が、空蟬巻の巻末の和歌をどう理解していたのかは、ある程度、推測できるのではないだろうか。彼女が『うたたね』の終幕に他人の歌を据えたのは、意図的な行為である。その発想は、どこから来たのか。そう考えてゆくと、空蟬巻の巻末の歌が、空蟬本人の詠んだ歌ではなく、伊勢の歌であると、『うたたね』の作者は理解していたのではあるまいか。だからこそ、『うたたね』は中務の歌で閉じられた。

『うたたね』が、いつ頃に成立したかは、わからない。『うたたね』は、王朝の『源氏物語』を縦横無尽に引用しているが、そうでありながら、中世を生きる自分の作品とすることに成功している。そのため、『源氏物語』への理解が相当深まってからの執筆という考え方も、ありうる。たとえば、『源氏物語』の権威である藤原定家の子・為家と関係するようになって、俊成以来の「御子左家」が蓄積してきた貴重な蔵書類（『源氏物語』の本文や注釈を含む）を自由に閲覧できるようになって以降に、『うたたね』が書かれたとすれば、作者は三十歳を超えていたであろう。そうなれば、『うたたね』に書かれている出来事（恋愛や旅）が起きてから十年以上が経過しているので、「事実」だけでなく「虚構＝創作」も多く混じっている、ということになるだろう。

ただし、『うたたね』という作品を読めば明らかなように、書かれている出来事には、異常なまでのリアリティがある。鮮度が高いのである。むろん、「記憶のリアリズム」ということもあるので、かなり昔の出来事を細部に到るまで克明に再現することは不可能ではない。

本書の［凡例］にも記したが、私が『うたたね』という作品の真髄に開眼したのは、次田香澄『うたたね　全訳注』を読んだ感動からである。この『うたたね　全訳注』の最後のページには、「この作品は阿仏のごく若い時期、おそらく最初の恋の破局のあと、その傷心の薄らがぬうちに、この最後の歌（島内注・中務の歌）までを含めて書かれたもの、とみたい」と結ばれている。

本書の本文や段落分けは、『うたたね　全訳注』の校訂に従わぬところも多く、『うたたね　全訳注』などが読み取らなかった「作者の懐妊と出産」を読み取ってきた。また、『源氏物語』から直接に引用した箇所だけでなく、『源氏物語』の注釈書に書かれていることまで引用した箇所がたくさん存在することを重要視してきた。これらのことから、『うたたね　全訳注』の最終ページに書かれている執筆時期の推定については、賛同を控えたいと思う。

『源氏物語』を深く読み込めば、ということは、注釈書を参考にしながら『源氏物語』の本文を読めば、読者は文学者として成熟できる。無数の一流の文学者を日本文学史の流れの中に生みだす巨大な文化装置が、『源氏物語』であり、その研究成果である注釈書なのだった。『うたたね』は、そのことを見事に証しだてている。

『うたたね』は、我が国の文化創造に及ぼし続けてきた『源氏物語』の役割、すなわち「源氏文化」の本質について、多くのことを教えてくれる名作である。

あとがき

令和二年度と三年度に、NHKラジオ第二で「古典講読」を担当した。二年間で、放送順に、『更級日記』『和泉式部日記』『蜻蛉日記』『紫式部日記』を講読できた。いずれも王朝日記だった。それに伴って、『新訳更級日記』『新訳和泉式部日記』『新訳蜻蛉日記　上巻』『王朝日記の魅力』『新訳紫式部日記』を刊行した。

一年間のお休みを経て、令和五年度には再び日記文学を担当できることになった。今度は、中世日記を読みたいと思った。その最初には、是が非でも阿仏（阿仏尼）の書いた『うたたね』を取り上げたい、と希望した。その最大の理由は、私が青春時代から愛読してきた作品だからである。『源氏物語』以外の古典散文では、『更級日記』の次に『うたたね』が好きだった。この作品の魅力は、どこにあるのだろうか。『源氏物語』との関係を突き詰めて考えることで、『うたたね』という作品の魅力の根源を明らかにしたかった。

NHKラジオ第二「古典講読」の放送台本を作るためには、『うたたね』の全訳が必要である。そこで、本書『新訳うたたね』の書き下ろしとなった。

私が、日本文学史的にはマイナーかもしれない『うたたね』を愛読している理由は、日本文学、というか、日本文化を作り上げる中核となってきた『源氏物語』の生命力のありかを、この『うたたね』という短い作品が如実に指し示しているからである。『うたたね』という作品は、日本文学史の本流に属する、正統的でメジャーな古典なのではないか。そういう気持ちを、私はずっと持ち続けてきた。

『源氏物語』と『うたたね』の間には、二百五十年近い歳月の隔たりがあるが、二つの作品は見事なまでに共鳴・共振している。同期しているのだ。そこにこそ、いつの時代にも新しい日本文化を創造するエネルギーを提供してきた『源氏物語』の、古びぬ生命力がある。その実態を見届けたいと思った。

私が阿仏に関する一般書を書きたいと思ったのは、もう十五年ほども前からである。

二〇〇八年（平成二十）は、「源氏物語千年紀」ということで、大きな節目の年だった。さまざまな企画が催されたが、私は共同通信社の企画で、「命をつないだ人々――源氏物語千年」という全十回の連載を書かせてもらい、全国の地方紙に掲載された。その原稿を大幅に加筆して、新潮新書『源氏物語ものがたり』を書き下ろした。

そこでは、『源氏物語』の命を現代にまでつないだ恩人として、作者の紫式部以外には、藤原定家《ていか》、四辻善成《よつつじよしなり》、一条兼良《かねら》、宗祇《そうぎ》、三条西実隆《さんじょうにしさねたか》、細川幽斎《ゆうさい》、北村季吟《きぎん》、本居宣長《もとおりのりなが》、アーサー・ウェイリーを取り上げた。彼らは、いずれも『源氏物語』の注釈書や翻訳書を著した研究者であるだけでなく、その時代を代表する文化人たちだった。自分の生きるそれぞれの時代で、閉塞している文化状況を一挙に打開して、新しい日本文化や世界文化を作り上げようとした。その際に、『源氏物語』をどう読むか、どのような新しい主題を提示できるかが、彼らに期待された文化戦略だった。

ところが、作者である紫式部を除いて、残りの人々は、なぜか、すべて男性であった。私は、その直後から秘かに、『源氏物語ものがたり』の女性編を企図していた。ただし、女性たちは「注釈研究」という方法ではなく、新たな「文学作品の執筆」という手法で、『源氏物語』の再生を成し遂げてきたように思われた。

『源氏物語ものがたり』の翌年に刊行した拙著『柳沢吉保と江戸の夢』（二〇〇九年）は、江戸時代に『松陰《まつかげ》日記』を著した正親町町子《おおぎまちまちこ》が体現した源氏文化の実態に迫ろうとしたものだった。続いて、正親町町子と同じく柳沢吉保の側室だった飯塚染子が、禅と源氏文化に挑んだ快作を紹介する『心訳・鳥の空音』（二〇一三年）を書いた。

また、拙著『新訳更級日記』（二〇二〇年）は、『源氏物語』を愛した菅原孝標女の名作を、読み解いたものだった。このあたりから、「新訳」というスタイルで、古典文学作品と『源氏物語』との関わりを探ることに重きを置くようになった。

そして、本書『新訳うたたね』では、鎌倉時代に源氏文化を身につけていた阿仏（阿仏尼・安嘉門院四条）を取り上げることができた。［訳］や［評］では、『源氏物語』の本文のみならず、注釈・研究をも咀嚼した阿仏にして初めて、『うたたね』の含蓄に富む表現を生みだし得た秘密に、肉迫したつもりである。

このような『源氏物語ものがたり』の続編を、「新訳」というスタイルで、これからも書き続けたい。現在の時点では、同じ阿仏の作品である『十六夜《いざよい》日記』と、源平争乱期の『建礼門院《けんれいもんいん》右京大夫集《うきょうのだいぶしゅう》』の「新訳」などを計画している。

ここで、「新訳」という言葉に込めた私の気持ちを、少しばかり説明させてほしい。与謝野晶子の『新訳源氏物語』の「新訳」は、文語訳に対する言文一致の「口語訳」である、という意味なのだろうと思われる。

与謝野晶子の「コロンブスの卵」以来、多くの文学者や国文学者たちが、古典文学の口語訳に挑んできた。その際に、文語文で書かれた古典を、どのような近代口語文や現代口語文に置き換えるかが、大きな難問として立ちふさがってきた。

何よりも、現代語訳する以前に、古典作品に書かれている内容を理解する必要がある。このことは、国文学研究に一生を費やしてきた国文学者ではない、小説家・詩人・歌人には、乗り越えるのが至難な壁だったと想像される。この時に、必要不可欠なのが「注釈書」の存在である。たとえば、『源氏物語』ならば、北村季吟の『湖月抄』や本居宣長の『玉の小櫛』などである。

実は『源氏物語ものがたり』で取り上げた文化人たちの多くは、現代でも通用する画期的な注釈書を残している。古典作品の本文そのものからだけでは、理解が不足するので、注釈書に書かれている内容に助けられて、読者は本文の意味を解読するのである。

ならば、古典の現代語訳には、「本文」だけでなく、「注釈書の内容」も加味するのがよいのではないだろうか。その点で、晶子に対しても、その後の谷崎潤一郎・円地文子・瀬戸内寂聴たちに対しても、訳文に「注釈」の蓄積がさほど活用されていない憾みを、私は感じ続けてきた。そのような思いから、「本文＋注釈」の情報量を、そのまま現代語に盛り込もうとするのが、私の目指す「新訳」なのである。

もう一度言うが、これまでに小説家や詩人たちによって試みられてきた、ほとんどの現代語訳では、注釈内容を注ぎ入れることは最小限に抑えられている。そこに、国文学者による「新訳」の可能性と必要性がある、と私は考える。

そのように思い至ったのは、アーサー・ウェイリーの『源氏物語』の英語訳を読んでいた時だった。ウェイリーは、『増注《ぞうちゅう》湖月抄』という最強の『源氏物語』の注釈書を座右に置いて、見事な英語訳を成し遂げた。この『増注湖月抄』の基となった『湖月抄』は、北村季吟が藤原定家以来の注釈書の膨大な蓄積を網羅した注釈書である。それに対して、猛烈な批判を展開したのが、本居宣長の『玉の小櫛』だった。水と油であるはずの『湖月抄』と『玉の小櫛』を、一つに合体させた奇蹟の注釈書が、『増注湖月抄』だった。それを、ウェイリーは利用し尽くした。

ウェイリーの名訳は、『源氏物語』の「本文」だけでなく、「注釈」の歴史を取り込んでいる。そこに、『源氏物語』の現代化と国際化が奇蹟的に達成された秘密がある。

本書の次に、私が「新訳」に挑むのは、『うたたね』と同じ作者(阿仏)の手になる『十六夜日記』だが、この『十六夜日記』にはエドウィン・ライシャワーの見事な英語訳がある。そこでも、注釈的な説明が巧みに書き加えられている。なおかつ、和歌の掛詞《かけことば》の訳し方に大きな工夫がなされている。これを、日本語の現代語訳に取り込まぬという選択肢は、ないだろう。

このような優れた英語訳のスタイルを参考にしながら、これまで数十年間、古典の注釈書を毎日のように読んできた国文学者の一人として、文語文を現代口語に置き換える可能性を模索したのが、私の「新訳」なのである。

本書でも、花鳥社の橋本孝氏のお世話になった。また、組版に関しては江尻智行氏のお世話になった。このお二人と一緒に仕事ができるのは、私の大いなる喜びである。ここから、二十一世紀の古典復興が始まるのではないか、と夢想することがある。橋本氏と江尻氏に、心から感謝する次第である。

二〇二二年十二月二日

島内景二

島内景二（しまうち・けいじ）

一九五五年長崎県生
東京大学文学部卒業、東京大学大学院修了。博士（文学）
現在　電気通信大学名誉教授
二〇二〇年四月から二年間、ＮＨＫラジオ第二「古典講読・王朝日記の世界」を担当。二〇二三年四月から再び「古典講読・日記文学をよむ」を担当。

主要著書

『新訳更級日記』『新訳和泉式部日記』『新訳蜻蛉日記　上巻』『王朝日記の魅力』『新訳紫式部日記』（共に、花鳥社）
『和歌の黄昏　短歌の夜明け』（花鳥社）
『塚本邦雄』『竹山広』（コレクション日本歌人選、共に、笠間書院）
『源氏物語の影響史』『柳沢吉保と江戸の夢』『心訳・鳥の空音』（共に、笠間書院）
『北村季吟』『三島由紀夫』（共に、ミネルヴァ書房）
『源氏物語に学ぶ十三の知恵』（ＮＨＫ出版）
『大和魂の精神史』『光源氏の人間関係』（共に、ウェッジ）
『文豪の古典力』『中島敦「山月記伝説」の真実』（共に、文春新書）
『源氏物語ものがたり』（新潮新書）
『御伽草子の精神史』『源氏物語の話型学』『日本文学の眺望』（共に、ぺりかん社）
歌集『夢の遺伝子』（短歌研究社）

新訳うたたね

二〇二三年二月二十八日　初版第一刷発行

著者……島内景二

発行者……橋本 孝

発行所……株式会社 花鳥社

https://kachosha.com

〒一五三-〇〇六四 東京都目黒区下目黒四-十一-十八-四一〇

電話 〇三-六三〇三-二五〇五

FAX 〇三-三七九二-二三二三

装幀……株式会社 モトモト 松本健一／佐藤千祐

組版……江尻智行

印刷・製本……モリモト印刷

ISBN 978-4-909832-70-2 C1095

和歌の黄昏　短歌の夜明け

好評既刊　島内景二著

歌は、21世紀でも「平和」を作りだすことができるか。
日本の近代を問い直す!

「『古今和歌集』から日本文化が始まる」という新常識のもと、千四百年の歴史を誇る和歌・短歌の変遷を丁寧にひもとく。「令和」の時代を迎えた現代が直面する、文化的な難問と向かい合うための戦略を問う。江戸時代中期に興り、本居宣長が大成した国学は、平和と調和を祈る文化的エッセンスである「古今伝授」を真っ向から否定した。『古今和歌集』以来の優美な歌では、外国文化と戦えないという不信感が『万葉集』を復活させたのである。強力な外来文化に立ち向かう武器として『万葉集』や『古事記』を持ち出し、古代を復興した。あまつさえ、天才的な文化戦略家だった宣長は、「パックス・ゲンジーナ」(源氏物語による平和)を反転させ、『源氏物語』を外国文化と戦う最強の武器へと組み換えた。これが本来企図された破壊の力、「もののあはれ」の思想である。だが、宣長の天才的な着眼の真意は、近代歌人には理解されなかった。『源氏物語』を排除して、『万葉集』のみを近代文化の支柱に据えて、欧米文化と渡り合おうとする戦略が主流となったのである。

A5判、全348ページ・本体2800円＋税

新訳紫式部日記

好評既刊　島内景二著　『新訳』シリーズ

『源氏物語』作者は、どのような現実を生きていたのか。
確かな研究に導かれた大胆にして繊細な「訳」で、紫式部の心の奥を照らし出す。

……私は、文学的な意味での「新訳」に挑戦したかった。すなわち、「批評としての古典訳」の可能性を開拓したかったのである。これまでの日本文化を踏まえ、新しい日本文化を切り開く、そういう「新訳」が必要だと思い続けてきた。

——「はじめに」より

『紫式部日記』の本文は「群書類従《ぐんしょるいじゅう》本」とした。江戸時代後期から昭和四十年くらいまでの人々は、これを読んできた。「『紫式部日記』の近代」は、この群書類従本である。

「群書類従」は、江戸時代の後期に、塙保己一《はなわほきいち》が中心となって編纂された。一七九三年から、一八一九年にかけて、印刷されて出版されている。文学と歴史に関連する古典作品が、膨大に収録されている。

私も、大学院生の頃に購入して、書斎の一番目立つ所に並べた。今も、並んでいる。

この「群書類従」の『紫式部日記』で、江戸時代後期・明治・大正・昭和の人々は、『紫式部日記』を読んできたのである。

ところが、昭和四十二年に、宮内庁書陵部蔵の『紫式部日記』の本文が紹介されて以来、現在は、これが最も良い写本であると、多くの研究者たちに考えられるようになった。この本は、「黒川本」と呼ばれている。

けれども、私は、現在の研究の主流である黒川本ではなくて、群書類従本を使うことにした。それは、黒川本だけでは解釈できない箇所が、いくつも残っているからである。ならば、日本の近代文化を作り上げた人々が、実際に読んできた「群書類従」の本文で読みたい、と思う気持ちが強くなった。むろん、黒川本と違っている箇所には、できるだけ言及するつもりである。

『紫式部日記』では、一条天皇の中宮である彰子に仕えた紫式部によって、日本文化が一つの頂点に達した十一世紀初頭の宮廷文化の実態が、ありのままに記録されている。そこに、『紫式部日記』の最大の魅力がある。

紫式部は、本名も、生まれた年も、亡くなった年も、わかっていない。

ただし、『湖月抄』は、紫式部本人について、三つの情報を提供している。

情報、その一。母親は、藤原為信《ためのぶ》の娘である。

情報、その二。御堂関白と呼ばれた藤原の道長の「妾《しょう》」である。

情報、その三。藤原宣孝《のぶたか》の「室《しつ》」、妻である。……

目　次

王朝日記の魅力

好評新刊　島内景二 著

本書はこの数年に公刊した『新訳更級日記』『新訳和泉式部日記』、『新訳蜻蛉日記　上巻』の姉妹版です。ＮＨＫラジオ放送と連動してそれぞれの全文の現代語訳は果たされたが、放送では話されたものの既刊３冊には含まれていない台本を基にして書き下ろされたものです。

三浦雅士氏評『毎日新聞』２０２１年10月23日「今週の本棚」掲載　〈古典が現代に蘇るのはなぜか〉

名著である。記述新鮮。冷凍されていた生命が、目の前で解凍され、再び生命を得て動き出す現場に立ち会っている感じだ。道綱の母も孝標《たかすえ》の娘も和泉式部も、生身の女性として眼前に現われ、それぞれの思いをほとんど肉感的な言葉で語り始める。ですます調ではないが、もと放送用に書かれたからかもしれない。だがそれ以上に、著者が女たちに共鳴し、それが読者にまで及ぶからだと思える。

『蜻蛉日記』中巻、『更級日記』、『和泉式部日記』の三部から成る。目次を見て、なぜ『蜻蛉日記』の上巻からではなく中巻から始まるのか、などと訝《いぶか》しく思ってはならない。中巻は『蜻蛉日記』作者の夫・兼家らの策謀によって、醍醐《だいご》帝の皇子で臣籍降下した源高明《たかあきら》失脚の安和《あんな》の変から始まる。藤原一族の外戚政治が決定的になった事件である。この兼家の子が道隆、道綱、道長なのだ。

言うまでもなく、道隆の娘・定子が一条帝に嫁した後宮で清少納言の『枕草子』が書かれ、同じ帝に嫁した道長の娘・彰子の後宮のもとで紫式部の『源氏物語』が書かれた。『源氏物語』が、その心理描写において、いかに『蜻蛉日記』の影響下に書かれたか、言葉遣いはもとより、人間関係の設定そのものに模倣の跡が見られることが、記述に沿って説明されてゆく。しかも、『源氏物語』に死ぬほど憧れたのが『更級日記』の作者・孝標の娘であり、彼女は道綱の母の姪《めい》にほかならなかった。

まるで、ある段階の藤原一族がひとつの文壇、それも世界文学史上まれに見る高度な文壇を形成したようなもの。さらにその孝標の娘が、『夜の寝覚《ねざめ》』『浜松中納言物語』の作者である可能性が高いと著者は言う。読み進むにつれて、それは間違いないと思わせる。『浜松中納言物語』に描かれた輪廻《りんね》転生が三島由紀夫の「豊饒《ほうじょう》の海」四部作まで流れてくるわけだが、日本語の富というほかない。日本文学は、一族が滅ぼしたその相手側の悲劇を深い同情の念をもって描く美質をもっていることに、あらためて感動する。

むろん、すべて周知のことだろうが、これまでは独奏、室内楽として読まれてきた日記や物語が、じつは巨大なオーケストラによる重厚な交響曲の一部にほかならなかったことが明かされてゆくのである。その手際に驚嘆する。

この手法はどこから来たか。著者には、古典現代語訳のほかに、『北村季吟』『三島由紀夫』という評伝があってその背景を窺《うかが》わせるが、とりわけ重要なのは、評伝執筆後、雑誌『日本文学』に発表された評論「本居宣長と対話し、対決するために」である。十年ほど前の作だがネットで読める。季吟、宣長、橘守部《たちばなもりべ》三者の、王朝語に向き合う姿勢を対比して、古代がイデオロギーとして機能してゆくそのダイナミズムを論じたものだが、最後に浮き彫りにされるのは現代あるいは現在というものの重要性というか謎である。

小林秀雄『本居宣長』冒頭は折口信夫との対話の様子から始められるが、印象に残るのは「宣長は源氏ですよ」と別れ際に語った折口の一言。著者の評論は、この小林と折口の対話の焦点を理解するに必須と思えるが、それ以上に、本書『王朝日記の魅力』の淵源《えんげん》を端的に語る。王朝文学が21世紀の現在になぜ生々しく蘇《よみがえ》るのか、その謎の核心に迫るからである。

四六判、全490ページ・本体2400円＋税

新訳和泉式部日記

好評既刊　島内景二著　『新訳』シリーズ

もうひとつの『和泉式部日記』が蘇る！

底本には、現在広く通行している「三条西家本」ではなく、江戸から昭和の戦前まで広く読まれていた「群書類聚」の本文、「元禄版本」（「扶桑拾葉集《ふそうしょうようしゅう》」）を採用。あなたの知らない新しい【本文】と【訳】、【評】で、「日記」と「物語」と「歌集」の三つのジャンルを融合したまことに不思議な作品〈和泉式部物語〉として、よみなおす。

四六判、全328ページ・本体1700円＋税